Versorgungsamt
Amt für Soziale Angelegenheiten (ASA)
Behindert sein - behindert werden

Schwerbehinderte stehen in vielfacher Hinsicht
unter einem besonderen rechtlichen Schutz

„Die Auflösung der Versorgungsämter führt zu einer
ungleichen Behandlung behinderter Menschen in
NRW". Offenbar haben einige finanzschwache
Kommunen seit 2008 weniger Schwerbehinderungen
anerkannt als vor der Reform.

Heinz Duthel, Februar 2016

ISBN 9783837080742

9 783837 080742

Grad der Behinderung 100 GdB – G – Februar 2016. Laufender Antrag auf Opferentschädigung wegen Missbrauch im Kinder und Erziehungsheim in Bayern.

Opfer von sexuellem Missbrauch in Kinderheimen können einen Anspruch auf Versorgung nach dem Opferentschädigungsgesetz haben. Dies gilt auch im Fall einer äußerlich unauffälligen Entwicklung.

Ein Mann war während seines Aufenthaltes in einem Kinderheim von 1958 bis 1968 nicht nur in den „Genuss" von schweren körperlichen Züchtigungen gekommen, sondern darüber hinaus auch noch mehrfach durch Mitbewohner und Erwachsene sexuell missbraucht worden.

Als er im Jahr 2011 einen Antrag auf Versorgung nach dem Opferentschädigungsgesetz (OEG) wegen einer rezidivierenden depressiven Störung und eine andauernde Persönlichkeitsveränderung nach Extrembelastung stellte wurde dieser abgelehnt. Die

Behörde berief sich darauf, dass unklar sei, ob die Schwerbehinderung auf die erlittenen Misshandlungen zurückzuführen sei. Des Weiteren führte das Amt an, dass er regelmäßig erwerbstätig gewesen sei. Doch der Betroffene wehrte sich und legte gegen den ablehnenden Bescheid Widerspruch ein. Weil die Behörde diesen in einem Widerspruchsbescheid zurückwies klagte er.

Das Sozialgericht Karlsruhe gab der Klage mit Urteil vom 27.11.2014, Az.: S 17 VG 656/13 statt und hob den ablehnenden Bescheid auf. Der Mann hat einen Anspruch auf Versorgung nach dem Opferentschädigungsgesetz. Dies ergibt sich daraus, dass insbesondere in den erlittenen körperlichen Misshandlungen und sexuellen Missbräuchen ein tätlicher Angriff im Sinne von § 1 OEG zu sehen ist. Hierzu muss nicht zwangsläufig feststehen, wann genau diese Angriffe erfolgt sind. Einem Anspruch auf Versorgung steht hier nicht entgegen, dass er regelmäßig erwerbstätig gewesen und in seiner Freizeit gelegentlich als Schiedsrichter oder auf der Bühne tätig gewesen ist.

Diese Entscheidung des Sozialgerichtes Karlsruhe ist zu begrüßen, weil eine Berufstätigkeit nicht dagegen sprechen muss, dass erlittene körperliche Misshandlungen und sexuelle Missbräuche zu einer erheblichen Traumatisierung in der Kindheit geführt haben. Das Opferentschädigungsgesetz darf daher nicht zu eng ausgelegt werden.

Versorgungsamt

Ein Versorgungsamt oder Amt für Soziale Angelegenheiten (ASA) hat in Deutschland Aufgaben im Rahmen der sozialen Sicherung, der individuellen Entschädigung besonders Betroffener und für Schwerbehindertenangelegenheiten.

1.1 Geschichte

Die Versorgungsverwaltung bezog sich zunächst nur auf die Entschädigung von Kriegsopfern. Als Folge des Deutsch- Französischen Krieges 1870–1871 gab es tausende von ihnen im Deutschen Reich. 1871 wurde eine Entschädigung für sie eingeführt. Nach dem Ende des Ersten Weltkrieges vergrößerte sich die Anzahl kriegsbedingt Versehrter in Deutschland. 1920 erfolgte die Verabschiedung des Reichsversorgungsgesetzes, um ihre Versorgung zu gewährleisten.

Am 1. Oktober 1950 trat das Bundesversorgungsgesetz in Kraft und ersetzte die nach dem Zweiten Weltkrieg geschaffenen länderrechtlichen Vorschriften zur Kriegsopferversorgung. Am 12. März 1951 folgte das "Gesetz über die Errichtung der Verwaltungsbehörden der Kriegsopferversorgung". Die Versorgungsämter und Landesversorgungs- ämter wurden als besondere Verwaltungsbehörden der Länder errichtet. Durch mehrere Gesetzesänderungen können die Länder inzwischen die Versorgungsämter auch in allgemeinen Verwaltungsbehörden oder bei Kommunen ansiedeln. Diese strukturellen Änderungsmöglichkeiten werden derzeit von den Ländern auf unterschiedliche Weise wahrgenommen, wie untenstehend teilweise ersichtlich. Die Versorgungs- und Landesversorgungsämter sind Leistungsträger im Sinne der §§ 12, 24 Abs. 2 Ersten Buches, Sozialgesetzbuch (SGB I).

1.2 Aufgaben

Aufgrund der Verwaltungskompetenz der Länder nach Artikel 85 des Grundgesetzes haben die Versorgungsämter in den Ländern unterschiedliche Aufgaben. Die Versorgungsverwaltung umfasst heute:

Kriegsopferversorgung nach dem Bundesversorgungsgesetz (BVG)
Opferentschädigung nach dem Opferentschädigungsgesetz (OEG)
Soldatenversorgung nach dem Soldatenversorgungsgesetz (SVG)
Versorgung von Zivildienstleistenden nach dem Zivildienstgesetz (ZDG)

Versorgung bei Impfschaden nach dem Infektionsschutzgesetz (IfSG), früher Bundes-Seuchengesetz

Schwerbehindertenangelegenheiten nach dem
Neunten Buch Sozialgesetzbuch (SGB IX)

In Bayern, Mecklenburg-Vorpommern, Hessen,
Nordrhein-Westfalen, dem Saarland, und Schleswig-
Holstein ist das
Versorgungsamt auch für die Auszahlung des
Erziehungsgeldes bzw. Elterngeldes zuständig.

1.3 Organisation

Baden-Württemberg: Unter Aufsicht des
Landesversorgungsamtes beim Regierungspräsidium
Stuttgart 35
Landratsämter
Bayern: Zentrum Bayern Familie und Soziales mit
Regionalstellen in den sieben Regierungsbezirken
Berlin: Landesamt für Gesundheit und Soziales
Berlin

Brandenburg: Landesamt für Soziales und
Versorgung des Landes Brandenburg an den drei
Standorten (Cottbus, Frankfurt (Oder) und Potsdam)
Bremen: Versorgungsamt Bremen
Hamburg: Versorgungsamt Hamburg

Hessen: Unter Aufsicht des Landesversorgungsamtes
beim Regierungspräsidium Gießen sechs Ämter für
Ver- sorgung und Soziales in Kassel, Gießen, Fulda,
Wiesbaden, Frankfurt am Main und Darmstadt
Mecklenburg-Vorpommern: Landesamt für
Gesundheit und Soziales in Rostock und vier weitere
Dezernate in

Stralsund, Schwerin, Rostock und Neubrandenburg

Niedersachsen: Landesamt für Soziales, Jugend und Familie mit sieben Regionalstellen in Braunschweig, Hannover, Hildesheim, Oldenburg, Osnabrück, Verden und Lüneburg
Nordrhein-Westfalen: Versorgungsämter kommunalisiert (wahrgenommen durch die Landschaftsverbände, die
Kreise und kreisfreien Städte)

Rheinland-Pfalz: Landesamt für Soziales, Jugend und Versorgung Rheinland-Pfalz in Mainz und vier Ämter für Soziale Angelegenheiten in Koblenz, Landau, Mainz und Trier
Saarland: Landesamt für Soziales, Gesundheit und Verbraucherschutz
Sachsen: Kommunaler Sozialverband Sachsen – Außenstelle Chemnitz, Fachbereich 4, Landesversorgungsamt
Sachsen-Anhalt: Landesverwaltungsamt

Schleswig-Holstein: Landesamt für soziale Dienste in Neumünster und vier Außenstellen in Kiel, Heide, Lübeck und Schleswig
Thüringen: Versorgungsämter kommunalisiert

1.4 Baden-Württemberg

Seit Januar 2005 (Inkrafttreten der Verwaltungsreform Baden-Württemberg unter Aufsicht des Regierungspräsidiums Stuttgart) wird das Soziale Entschädigungsrecht (BVG und

9

Nebengesetze) sowie das Schwerbehindertenrecht (SGB IX) in den jeweiligen Landratsämtern bearbeitet. Hier wurde das ehemalige Landesversorgungsamt (LVA) als Ab- teilung eingegliedert.

Da die Fallzahlen im sozialen Entschädigungsrecht laufend zurückgehen, hat der Landesgesetzgeber die Möglichkeit geschaffen, so genannte "Gemeinsame Dienststellen" mehrerer Landratsämter zu bilden. Inzwischen werden diese Aufgaben bei zehn Landkreisen aufgrund freiwilliger Vereinbarung in solchen gemeinsamen Dienststellen erledigt. Außerdem wurde dem Landratsamt Böblingen als einzigem Landratsamt per Rechtsverordnung nach § 13 Abs. 2 Landesverwaltungsverfahrensgesetz die Zuständigkeit für dieses Aufgabengebiet auch für die Gebiete der Landkreise Esslingen und Rems-Murr-Kreis übertragen.

Die Aufgaben des Schwerbehindertenrechts (SGB IX) werden von allen 35 Landratsämtern wahrgenommen.
Die Aufgaben wurden nicht auch auf die Städte übertragen, da die Aufgaben in diesem Bereich nur von den staatli- chen Behörden wahrgenommen werden. Die Städte sind dabei nicht wie die Landratsämter in Baden Württemberg janusköpfig, das bedeutet, sie sind nicht gleichzeitig kommunale und staatliche Behörden.

1.5 Nordrhein-Westfalen

Zum 31. Dezember 2007 wurden die Versorgungsämter aufgelöst und deren (Haupt-)Aufgaben neu verteilt:

Die Aufgaben nach dem Schwerbehindertenrecht und die Bearbeitung und Auszahlung von Elterngeld werden auf die jeweiligen Kreise und kreisfreien Städte verteilt. Teilweise gibt es Kooperationen von Städten und Kreisen. So bleibt z. B. zunächst der Standort Wuppertal erhalten und die Kommunen Remscheid, Solingen und Wuppertal erledigen diese Aufgaben von dort aus zentral für ihre Bürger. Der Standort Dortmund bearbeitet diese Gebiete für die Städte Dortmund, Bochum und Hagen.
Die Aufgaben nach dem Erziehungsgeldgesetz werden von der Bezirksregierung Münster (Regierungsbezirk Münster) erledigt.

Die Aufgaben für Soziale Entschädigung z. B. nach dem Bundesversorgungsgesetz, Soldatenversorgungsgesetz und Opferentschädigungsgesetz werden von den Landschaftsverbänden Rheinland und Westfalen-Lippe über- nommen.
Die Arbeitsmarktprogramme werden von den Bezirksregierungen in NRW je nach Zuständigkeit übernommen.
Die Auflösung der Versorgungsämter in Nordrhein-Westfalen war umstritten. Die Opposition im Landtag bemängelte u.a., dass die Folgekosten für die Kommunen nicht

11

absehbar wären und eine Auflösung ggf. kostenintensiver sei als die Beibehaltung.

1.6 Rheinland-Pfalz

Die Aufgaben nimmt seit 1996 das Landesamt für Soziales, Jugend und Versorgung Rheinland-Pfalz wahr.

1.7 Realityfilm.de

1.7.1 allgemein

Commons: Versorgungsamt – Sammlung von Bildern, Videos und Audiodateien

Versorgungsmedizinische Grundsätze
Versorgungsämter.de
Häufige Fehler in ärztlichen Attesten

1.7.2 nach Bundesländern
Baden-Württemberg: Regierungspräsidium Stuttgart, Abteilung 10 - Landesversorgungsamt Baden-Württemberg
Bayern: Zentrum Bayern Familie und Soziales
Berlin: Landesamt für Gesundheit und Soziales
Brandenburg: Landesamt für Soziales und Versorgung des Landes Brandenburg
Bremen: Versorgungsamt Bremen
Hamburg: Versorgungsamt Hamburg
Hessen: Regierungspräsidium Gießen, Versorgungsverwaltung des Landes Hessen

Mecklenburg-Vorpommern: Landesamt für Gesundheit und Soziales Mecklenburg-Vorpommern

Niedersachsen: Niedersächsisches Landesamt für Soziales, Jugend und Familie

Nordrhein-Westfalen: Versorgungsverwaltung des Landes Nordrhein-Westfalen

Rheinland-Pfalz: Landesamt für Soziales, Jugend und Versorgung des Landes Rheinland-Pfalz

Saarland: Saarland, Landesamt für Soziales, Gesundheit und Verbraucherschutz

Sachsen: Kommunaler Sozialverband Sachsen

Sachsen-Anhalt: Landesverwaltungsamt Sachsen-Anhalt

Schleswig-Holstein: Landesamt für soziale Dienste Schleswig-Holstein

Thüringen: Freistaat Thüringen, Landesverwaltungsamt Abteilung VI - Versorgung und Integration

Kapitel 2

Schwerbehindertenrecht (Deutschland)

Das Schwerbehindertenrecht umfasst alle rechtlichen Regeln, die die Rechtsverhältnisse von Schwerbehinderten in Deutschland betreffen. Rechtsgrundlage ist seit dem 1. Juli 2001 der zweite Teil des (SGB IX), in dem „Besondere Regelungen zur Teilhabe schwerbehinderter Menschen" enthalten sind. Nicht zum Schwerbehindertenrecht gezählt werden die Regeln nach dem Bundesversorgungsgesetz über die Versorgung von Personen, die durch militärische oder militärähnliche Dienstverrichtungen gesundheitliche Schädigungen erlitten haben.

Schwerbehinderte Menschen sind Personen, deren körperliche, geistige oder seelische Behinderung einen Grad von wenigstens 50 hat (§ 2 Abs. 2 SGB IX). Sie stehen in vielfacher Hinsicht unter einem besonderen rechtlichen Schutz und können eine Reihe von Nachteilsausgleichen in Anspruch nehmen.

2.1 Zweck des Schwerbehindertenrechts

Gefördert werden sollen die Selbstbestimmung und gleichberechtigte Teilhabe am Leben in der Gesellschaft. Des Weiteren sollen durch das Schwerbehindertenrecht Benachteiligungen von

Behinderten vermieden bzw. entgegen- gewirkt werden. Das Schwerbehindertenrecht wurde nach der Rechtsprechung des Bundessozialgerichts „allein zum Schutz" der schwerbehinderten Menschen konzipiert.

2.2 Grad der Behinderung

Grad der Behinderung

Das Vorliegen der Behinderung und deren Ausmaß werden als sogenannter Grad der Behinderung (GdB) auf Antrag des Betroffenen durch die zuständigen Behörden (u. a. Versorgungsämter) festgestellt. Der GdB wird – zwischen 20 und 100 – in Zehnerschritten (oft fälschlich als „Prozent" bezeichnet) bemessen.

Eine Behinderung liegt vor, wenn die körperliche Funktion, geistige Fähigkeit oder seelische Gesundheit einer Person mit hoher Wahrscheinlichkeit länger als sechs Monate von dem für das Lebensalter typischen Zustand abweichen und daher die Teilhabe dieser Person am Leben in der Gesellschaft beeinträchtigt ist (§ 2 Abs. 1 Satz 1 SGB IX). Eine Behinderung wird von der zuständigen Behörde ab einem Grad der Behinderung von 20 festgestellt (§ 69 Abs. 1 Satz 6 SGB IX).

Eine Schwerbehinderung wird von der zuständigen Behörde ab einem Grad der Behinderung von 50 festgestellt. Liegen mehrere Beeinträchtigungen vor, so wird der GdB im Wege einer Gesamtschau festgesetzt (§ 69 Abs. 3 Satz 1 SGB IX). Dabei werden alle Funktionsbeeinträchtigungen berücksichtigt, die wenigstens einen Einzel- GdB von 10 haben (§ 69 Abs. 1 Satz 4 SGB IX).

Die Gleichstellung mit Schwerbehinderten durch die Bundesagentur für Arbeit auf Antrag des Betroffenen soll ab einem GdB von 30 erfolgen, wenn aufgrund der Behinderung ansonsten ein Arbeitsplatz nicht erlangt oder behalten werden kann (§ 2 Abs. 3, § 68 Abs. 2 SGB IX).

Darüber hinaus gibt es noch verschiedene Merkzeichen, die bei besonderer Ausprägung der Schwerbehinderung erteilt werden: „G" (erheblich gehbehindert), „aG" (außergewöhnlich gehbehindert), „B" (auf der Vorderseite des Schwerbehindertenausweises steht „Die Berechtigung zur Mitnahme einer Begleitperson ist nachgewiesen."), „H" (hilflos), „BL" (blind), „RF" (Ermäßigung des Rundfunkbeitrags auf Antrag/Sozialtarif bei der T-Com), „GL" (gehör- los).
Die Einstufung erfolgt seit 2009 nach den Grundsätzen der Versorgungsmedizin-Verordnung.

Auch Kriegsbeschädigungen sind in das gleiche System eingebunden; ein Anspruch auf eine Rente nach dem Bundesversorgungsgesetz (Kriegsbeschädigtenrente) besteht aber nur auf die anteiligen kriegsbedingten Schädigungsfolgen.

2.3 Antragstellung

Das Vorliegen einer Behinderung und der Grad der Behinderung werden nur auf Antrag des behinderten Menschen durch die nach Landesrecht zuständigen Behörden (meist Versorgungsamt genannt) festgestellt.

2.4 Bescheid der zuständigen Behörde

Die zuständige Behörde teilt die Einstufung in einem Bescheid mit. Dieser Feststellungsbescheid kann mit einem Widerspruch und – falls dieser nicht zum gewünschten Erfolg führt – über ein Verfahren vor dem Sozialgericht angefochten werden.
Dieser Bescheid ist nur für den Betroffenen bestimmt und nicht zum Nachweis der Behinderung gegenüber Behörden, Arbeitgebern usw., weil darin unter anderem die medizinische Diagnose aufgeführt ist: Im zugehörigen Merkblatt ist ausdrücklich erwähnt, dass niemand das Recht hat, Einblick in diesen Bescheid zu verlangen. Es kommt jedoch immer wieder vor, dass Personalverwaltungen die Vorlage des Feststellungsbescheids verlangen; dazu sind schwerbehinderte Menschen nach der

Rechtsprechung nicht verpflichtet.[1]

2.5 Schwerbehindertenausweis

Schwerbehindertenausweis

Die zuständigen Behörden stellen gleichzeitig auch den Schwerbehindertenausweis aus, der zum Nachweis der Be- hinderung gegenüber Behörden, Arbeitgebern usw. bestimmt ist. Er ist in der Regel auf fünf Jahre befristet. Die Befristung der Schwerbehindertenausweise ist von Bundesland zu Bundesland unterschiedlich. In Hessen beispiels- weise werden die Schwerbehindertenausweise, wenn keine Nachprüfung von Amts wegen vorgesehen ist, auf 15 Jahre oder bis zum 90. Lebensjahr ausgestellt und dann jeweils verlängert. Die Praxis geht in der hessischen Versorgungs- verwaltung allerdings dahin, dass nach Möglichkeit die Ausweise unbefristet ausgestellt werden. Bis zur Vollendung des 9. Lebensjahres werden die Schwerbehindertenausweise ohne Lichtbild ausgestellt, ab dem 10. Lebensjahr wird die Ausstellung eines Ausweises mit Lichtbild erforderlich.

2.6 Gleichstellung mit schwerbehinderten Menschen

Gleichstellung mit schwerbehinderten Menschen

Personen mit einem Grad der Behinderung von weniger als 50, aber wenigstens 30, können auf

Antrag einem schwer- behinderten Menschen gleichgestellt werden, wenn sie infolge ihrer Behinderung ohne die Gleichstellung einen geeigneten Arbeitsplatz nicht erlangen oder nicht behalten können. Die Gleichstellung erfolgt auf Antrag des behinderten Menschen durch die für seinen Wohnort zuständige Agentur für Arbeit. Für gleichgestellte behinderte Menschen gelten dieselben Regelungen des Schwerbehindertenrechts wie für schwerbehinderte Menschen, mit Ausnahme des Anspruchs auf Zusatzurlaub (§ 125 SGB IX) und des Anspruchs auf unentgeltliche Beförderung im öffentlichen Per- sonenverkehr. Gleichgestellte behinderte Menschen haben keinen Anspruch auf die Altersrente für schwerbehinderte Menschen.

2.7 Rechtsfolgen einer Schwerbehinderung

Schwerbehinderte Menschen genießen besonderen Schutz und Förderung im Arbeitsleben. Sie werden unter anderem durch folgende Regelungen geschützt und gefördert:

2.7.1 Besonderer Kündigungsschutz
Schwerbehinderte und gleichgestellte behinderte Menschen haben bei Arbeitsverhältnissen einen besonderen Kündigungsschutz
(§§ 85 bis 92 SGB IX). Ihnen darf ordentlich oder außerordentlich nur gekündigt werden, wenn das Integrationsamt

vorher zugestimmt hat. Eine ohne Zustimmung ausgesprochene Kündigung ist unwirksam.[2] Voraussetzung für den besonderen Kündigungsschutz ist, dass das Arbeitsverhältnis zum Zeitpunkt des Zugangs der Kündigungserklärung bereits länger als sechs Monate andauert. Die Kündigungsfrist beträgt dann mindestens vier Wochen (§ 86 SGB IX). Eine bestimmte Größe des Betriebs ist dagegen (anders als beim allgemeinen Kündigungs- schutz) nicht erforderlich.

Die Schwerbehinderung oder die Gleichstellung muss bei Zugang der Kündigung bereits durch die zuständige Be- hörde festgestellt worden sein oder der entsprechende Antrag auf Anerkennung oder Gleichstellung muss bereits mindestens drei Wochen vor dem Zugang der Kündigung gestellt worden sein (§ 90 Abs. 2a SGB IX).[3] Der beson- dere Kündigungsschutz besteht aber stets auch bei offensichtlicher Schwerbehinderung.

Die Unwirksamkeitsfolge tritt auch dann ein, wenn der Arbeitgeber von der Schwerbehinderung oder Gleichstellung nichts wusste, sofern der Gekündigte den Arbeitgeber innerhalb einer Frist von drei Wochen nach Kündigungszugang über seinen Behindertenstatus oder den gestellten Antrag informiert.

Die Kündigung gilt als von Anfang an rechtswirksam, wenn der schwerbehinderte Arbeitnehmer nicht innerhalb von drei Wochen nach Zugang der Kündigung Kündigungsschutzklage beim Arbeitsgericht erhoben hat (§ 7 in Ver- bindung mit § 4 KSchG). Die Frist läuft aber erst ab Bekanntgabe der Entscheidung des Integrationsamtes an den

Arbeitnehmer (§ 4 Satz 4 KSchG). Hat der Arbeitgeber keine Zustimmung beantragt oder erhalten, läuft die Frist also nicht.

2.7.2 Zusatzurlaub

Schwerbehinderte Menschen (nicht: ihnen Gleichgestellte) haben nach § 125 SGB IX Anspruch auf bezahlten zu- sätzlichen Urlaub von einer Arbeitswoche, meist fünf Tage, im Kalenderjahr. Ist die Schwerbehinderteneigenschaft nicht für das gesamte Kalenderjahr festgestellt, so hat der schwerbehinderte Mensch für jeden vollen Monat der im Beschäftigungsverhältnis vorliegenden Behinderteneigenschaft einen Anspruch auf ein Zwölftel des Zusatzurlaubs. Bruchteile von Urlaubstagen, die mindestens einen halben Tag ergeben, sind auf volle Urlaubstage aufzurunden.

2.7.3 Besondere Rentenart möglich

Schwerbehinderte Menschen können die Altersrente für schwerbehinderte Menschen gemäß § 37 SGB VI in Anspruch nehmen, wenn sie bei Beginn der Rente als schwerbehindert anerkannt sind, die Wartezeit von 35 Jahren zurückgelegt haben und die maßgebliche Altersgrenze erreicht haben. Für die Anerkennung einer Schwerbehinde- rung muss ein Behinderungsgrad von mindestens 50 vorliegen, eine Gleichstellung reicht nicht.

Die Altersgrenze beträgt zurzeit noch 63 Jahre und gilt noch für Versicherte, die vor dem 1. Januar 1952 geboren sind. Für Versicherte des Geburtsjahrgangs 1952 erhöht sich die Altersgrenze auf 63 Jahre und einen Monat, sie steigt für die weiteren Jahrgänge weiter schrittweise an, bis sie für im Jahr 1964 oder später geborene 65 Jahre erreicht hat.

Es ist möglich, die Altersrente für schwerbehinderte Menschen schon bis zu drei Jahre vor der jeweils maßgeblichen Altersgrenze in Anspruch zu nehmen. Die vorzeitige Inanspruchnahme führt jedoch dazu, dass sich die Rentenhöhe um bis zu 10,8 % mindert.

Für bestimmte Versicherte gelten verschiedene Vertrauensschutzregelungen § 236a SGB VI, die dazu führen, dass bei der vorzeitigen Rente die Abschläge entfallen. Das betrifft etwa Versicherte, die vor dem 1. Januar 1952 geboren sind und die bereits am 16. November 2000 als schwerbehindert anerkannt waren.

Schwerbehinderte Beamte im Sinne des § 2 Absatz 2 des SGB IX (GdB ≥ 50) können nach § 52 Absatz 1 BBG (Bundesbeamtengesetz) auf Antrag nach Vollendung des 62. Lebensjahr in den Ruhestand (Pension) versetzt werden.

Bei vor dem 1. Januar 1952 geborenen Staatsdienern ist dies schon ab dem 60. Lebensjahr möglich (§ 52 Absatz 2 BBG). Für die 1952 bis 1963 geborenen Beamten ergibt sich ein stufenweise erhöhtes Pensionseintrittsalter. In den

Landesbeamtengesetzen der einzelnen Bundesländer können davon abweichende Regelungen vorliegen. So erlaubt das Bayerische Beamtengesetz (BayBG Art. 64 Abs. 1) die Ruhestandsversetzung ab dem 60. Lebensjahr (vorläufig) noch ohne Geburtsjahresregelung.

2.7.4 Steuerliche Nachteilsausgleiche

Abhängig vom Grad der Behinderung können Steuervergünstigungen (zum Beispiel Pauschbeträge (ab einem GdB von 30)), Haushaltsfreibetrag, Kfz-Steuer-Ermäßigung (Feststellung von Merkzeichen „G") oder Kfz-Steuerbefreiung (Feststellung von Merkzeichen „aG" oder „H" bei bestimmten Schwerbehinderungen oder festgestellten Merkzeichen) geltend gemacht werden.[4]

2.7.5 Beschäftigungspflicht des Arbeitgebers

Private und öffentliche Arbeitgeber mit mindestens 20 Arbeitsplätzen sind verpflichtet, auf mindestens fünf Pro- zent der Arbeitsplätze schwerbehinderte Menschen zu beschäftigen. Dabei sind schwerbehinderte Frauen besonders zu berücksichtigen. Solange der Arbeitgeber die vorgeschriebene Zahl schwerbehinderter Menschen nicht beschäf- tigt, muss er für jeden unbesetzten Pflichtarbeitsplatz monatlich eine Ausgleichsabgabe zahlen. Mit dieser Abgabe sollen anderweitig Arbeitsplätze für schwerbehinderte Menschen finanziert werden. Ein individueller Anspruch auf Abschluss eines Arbeitsvertrags, ein

Einstellungsanspruch also, ist aber gesetzlich nicht vorgesehen, sondern aus- drücklich ausgeschlossen.

2.7.6 Anspruch auf behinderungsgerechte Beschäftigung

Im Unterschied zur Einstellung haben schwerbehinderte und gleichgestellte behinderte Menschen aber bei beste- hendem Arbeitsverhältnis einen einklagbaren Anspruch auf eine Beschäftigung, „bei der sie ihre Fähigkeiten und Kenntnisse möglichst voll verwerten und weiterentwickeln können" und daneben Ansprüche auf bevorzugte Berück- sichtigung bei innerbetrieblichen Bildungsmaßnahmen und anderen Maßnahmen, die ihre berufliche Integration för- dern. Dieser Anspruch gem. § 81 SGB IX entfällt nur, wenn die Maßnahme für den Arbeitgeber unzumutbar ist oder mit unverhältnismäßigen Aufwendungen verbunden ist. Dieser gesetzliche Anspruch zwingt etwa einen Arbeitge- ber, soweit dies vertraglich möglich ist, im Wege des Arbeitsplatztauschs einen nicht behinderten Arbeitnehmer auf den Arbeitsplatz eines schwerbehinderten Arbeitnehmers zu versetzen und umgekehrt, wenn der schwerbehinderte Beschäftigte an dem anderen Arbeitsplatz beruflich besser integriert werden kann, seine Arbeitskraft erhalten oder wieder erlangen kann.
Lese dazu: : SIVUS-Methode und Integrationsvereinbarung (Arbeitsrecht)

2.7.7 Diskriminierungsverbot

Aufgrund der europäischen Antidiskriminierungs-Richtlinie 2000/78/EG wurde ab 1. Juli 2001 mit § 81 Abs. 2 SGB IX a. F. und ab 18. August 2006 mit § 81 Abs. 2 Satz 2 SGB IX n. F. in Verbindung mit dem Allgemeinen Gleichbehandlungsgesetz (AGG) ein Diskriminierungsverbot für schwerbehinderte Menschen geschaffen, das im Fall der Diskriminierung eines schwerbehinderten Menschen insbesondere bei Einstellung, beim beruflichen Auf-stieg oder bei Kündigung einen Schadensersatzanspruch vorsieht und eine erhebliche Beweiserleichterung zugunsten der schwerbehinderten Beschäftigten (Beweislastumkehr zu Lasten des Arbeitgebers, wenn Tatsachen glaubhaft ge-macht werden, die eine Benachteiligung des schwerbehinderten Menschen vermuten lassen). Gleichzeitig ist aber danach ein Anspruch auf Einstellung ausgeschlossen und eine bloße Entschädigung in Geld vorgesehen. Bei bloß „formeller" Diskriminierung, wenn also der schwerbehinderte Bewerber bei diskriminierungsfreier Auswahl nicht eingestellt worden wäre, ist der Schadensersatzanspruch auf drei Monatsverdienste beschränkt.

2.7.8 Fragerecht bei Einstellung – Offenbarung einer Schwerbehinderung

Ob eine anerkannte Schwerbehinderung bei einer Einstellung unaufgefordert zu offenbaren bzw. auf Nachfrage etwa in einem Personalbogen oder bei Vorstellungsgesprächen anzugeben ist, war früher umstritten. Nach ganz überwie- gender Auffassung in der neueren Fachliteratur sowie der neueren obergerichtlichen Rechtsprechung ist aber je- denfalls seit der gesetzlichen Neuregelung des Antidiskriminierungsrechts durch § 81 Abs. 2 Satz 2 SGB IX n.F. in Verbindung mit dem AGG die „tätigkeitsneutrale" Frage nach einer Schwerbehinderung (entgegen der früheren Rechtsprechung des Bundesarbeitsgerichts zur alten Rechtslage vor dem 1. Juli 2001) unzulässig bzw. diskriminie- rend und darf daher, wenn sie gestellt wird (ähnlich wie die Frage nach einer bestehenden Schwangerschaft), ohne Rechtsfolgen auch dann verneint werden, wenn formell die Schwerbehinderteneigenschaft amtlich festgestellt ist. Zu- lässig bleiben aber weiterhin konkrete arbeitsplatzbezogene Fragen, die sich auf die gesundheitliche Eignung eines Stellenbewerbers für eine bestimmte Stelle und die damit ggf. verbundenen besonderen gesundheitlichen Anforderun- gen beziehen. Da aber dann zukünftig ein Arbeitgeber nicht mehr erfahren würde, ob und wie viele schwerbehinderte oder gleichgestellte behinderte Menschen er beschäftigt und deshalb (bei jahresdurchschnittlich monatlich mindes- tens 20 Arbeitsplätzen) verpflichtet bliebe, die gesetzliche

Ausgleichsabgabe zu bezahlen, obwohl er die gesetzliche Beschäftigungsquote tatsächlich erfüllt, wird vereinzelt in der Fachliteratur eine Verpflichtung der Arbeitnehmer angenommen, die Tatsache ihrer anerkannten Schwerbehinderung jedenfalls nach Ablauf der sechsmonatigen Wartezeit, nach der der besondere Kündigungsschutz greift, dem Arbeitgeber zu offenbaren.

2.7.9 Studium mit Behinderung

An Hochschulen kommt Menschen mit Behinderung besondere Aufmerksamkeit, wie zum Beispiel das Recht auf verlängerte Prüfung, zugute.

2.8 Selbstbestimmtes Leben – Pflege im gewohnten Zuhause

SGB im Jahr 2009: Große Fortschritte für das Recht der Pflege von Schwerbehinderten in ihrem Zuhause mit ausrei- chender finanzieller Förderung. Im IHP3 Handbuch zur individuellen Hilfeplanung des Landschaftsverbandes Rhein- land wurde ein trägerübergreifendes persönliches Budget für Schwerbehinderte definiert. Damit wird eine konkrete Hilfeplanung eben auch für Zuhause – und nicht nur im Heim – garantiert. Das IHP3 basiert auf den Richtlinien des aktualisierten SGB aus dem Jahr 2009. Die WHO verabschiedete im Mai 2001 das Recht auf selbstbestimmtes Leben für Schwerbehinderte. Dieses Recht ist vor der UN einklagbar. Es fand in der europäischen und deutschen Gesetzgebung nach der Ratifizierung (2008) im Jahr 2009 Eingang in das deutsche Sozialgesetzbuch.

2.9 Schwerbehindertenvertretung/Vertrauensperson

Schwerbehinderte Beschäftigte wählen eine Schwerbehindertenvertretung (§ 94 SGB IX), die neben dem Betriebsrat oder Personalrat die Interessen speziell dieser Beschäftigten wahrzunehmen hat.

2.10 Integrationsamt

Das Integrationsamt

fördert und sichert die berufliche Eingliederung von schwerbehinderten und ihnen gleichgestellten Menschen in den allgemeinen Arbeitsmarkt,

berät schwerbehinderte und ihnen gleichgestellte Menschen und ihre Arbeitgeber bei der Schaffung und Si- cherung der Arbeitsplätze,
gewährt finanzielle Leistungen an schwerbehinderte und ihnen gleichgestellte Menschen und Arbeitgeber,
entscheidet unter Abwägung der Arbeitgeber- und Arbeitnehmerinteressen über Anträge auf Zustimmung zur
Kündigung.

2.11. LITERATUR

11

2.11 Literatur

Thomas Dieterich u. a. (Hrsg.): Erfurter Kommentar zum Arbeitsrecht. 16. neu bearbeitete Auflage. C. H. Beck, München 2016, ISBN 978-3-406-68309-1.
Feldes/Kamm/Peiseler/Rehwald/von Seggern/Westermann/Witt: Schwerbehindertenrecht. Basiskommentar zum
SGB IX mit Wahlordnung. 10. Auflage. Bund-Verlag, Frankfurt am Main 2009, ISBN 978-3-7663-3899-0.
Feldes/Kohte/Stevens-Bartol (Hrsg.): SGB IX. Sozialgesetzbuch IX. Rehabilitation und Teilhabe behinderter
Menschen. Kommentar für die Praxis. 3. Auflage. Bund-Verlag, Frankfurt am Main 2015, ISBN 978-3-7663-6292-6.

Feldes/Kohte/Stevens-Bartol/Ritz/Schmidt (Hrsg.): Schwerbehindertenrecht online. Fachmodul für die Schwer- behindertenvertretung. Mit Kommentar für die Praxis zum SGB IX. Update einmal jährlich, Bund-Verlag, ISBN
978-3-7663-8176-7.

Wulfhard Göttling, Michael Neumann: Leicht verständlicher Kündigungsschutz schwerbehinderter Menschen. NZA-RR 2007, 281 (Besprechung von BAG, Urteil vom 1. März 2007 — 2 AZR 217/06,

NZA 2008, 302 = DB 2007, 1702 = AiB 2007, 614 =
AP Nr 2 zu § 90 SGB IX = BAGE 121, 335)
Martin Henssler, Heinz Josef Willemsen, Heinz-
Jürgen Kalb: Arbeitsrecht-Kommentar. 6. Auflage.
Verlag Otto
Schmidt, Köln 2014, ISBN 978-3-504-42690-3.

Bernhard Knittel: SGB IX Rehabilitation und
Teilhabe behinderter Menschen – Kommentar.
Loseblattwerk. Verlag R. S. Schulz, Stand: 1. April
2008. ISBN 978-3-472-07829-6.
Peter Trenk-Hinterberger: Die Rechte behinderter
Menschen und ihrer Angehörigen. 35. Auflage.
Düsseldorf
2007, 504 S., ISBN 3-89381-110-9.

BIH   Bundesarbeitsgemeinschaft   der
Integrationsämter und Hauptfürsorgestellen (Hrsg.):
„Schwerbehinderung" In: ABC Behinderung &
Beruf. Wiesbaden 2014.

2.12 Realityfilm.de

Neuntes Buch Sozialgesetzbuch (SGB IX) – Teil 2:
Besondere   Regelungen   zur   Teilhabe
schwerbehinderter
Menschen (Schwerbehindertenrecht)
Urteile auf Grundlage des Schwerbehindertenrechts
bei REHADAT
Integrationsämter in Deutschland: Aufgaben,
Information, Kontakte

2.13 Einzelnachweise

[1] Vgl. Arbeitsgericht Bocholt, Beschluss vom 29. April 1993, 1 Ca 225/93 [2] Integrationsamt Bayern [3] Vgl. dazu auch das Urteil des Bundesarbeitsgerichts vom 1. März 2007 – 2 AZR 217/06

[4] BIH Bundesarbeitsgemeinschaft der Integrationsämter und Hauptfürsorgestellen (Hrsg.): "Nachteilsausgleiche." In: Fach- lexikon ABC Behinderung & Beruf - Handbuch für die betriebliche Praxis. Wiesbaden 2014.

Schwerbehinderter

Schwerbehinderter ist ein Begriff zur Bezeichnung von Menschen mit einer hochgradigen Behinderung. Im Jahr 2009 gab es in Deutschland rund 7,1 Millionen schwerbehinderte Menschen, dies entspricht 8,7 % der Gesamtbevölkerung. Mehr als 75 % der Schwerbehinderten sind über 55 Jahre alt.

3.1 Deutschland

3.1.1 Definition

Menschen sind nach § 2 Abs. 1 und 2 SGB IX schwerbehindert, wenn ihre körperliche Funktion, geistige Fähigkeit oder seelische Gesundheit mit hoher Wahrscheinlichkeit länger als sechs Monate von dem für das Lebensalter typischen Zustand abweichen und daher ihre Teilhabe am Leben in der Gesellschaft beeinträchtigt ist und wenn bei ihnen ein Grad der Behinderung (GdB) von mindestens 50 vorliegt. Der Grad der Behinderung, nicht zu verwechseln mit „Minderung der Erwerbsfähigkeit" (MdE), wird auf Antrag durch die nach Landesrecht zuständigen Behörden festgestellt, die gegebenenfalls den Schwerbehindertenausweis ausstellen.

3.1.2 Schutz und Förderung

Schwerbehinderte genießen besonderen Schutz und Förderung im Arbeitsleben. Nach dem Gesetz zur

Bekämpfung der Arbeitslosigkeit Schwerbehinderter vom 27. September 2000 müssen Arbeitgeber mit mehr als 20 Arbeitsplätzen wenigstens fünf Prozent davon für Schwerbehinderte bereitstellen. Andernfalls ist eine monatliche Ausgleichsabgabe von bis zu 290 Euro (Stand 2012) für jeden nicht beschäftigten Schwerbehinderten zu entrichten.

Schwerbehinderte haben ferner besonderen Kündigungsschutz, steuerliche Vorteile (insbesondere den Behindertenpauschbetrag), bei besonders schweren Behinderungen auch Vergünstigungen bei der Beförderung im öffentlichen Personenverkehr

und auf Antrag die Befreiung von den Rundfunkgebühren. Die Rechtsgrundlage bildet das SGB IX.

Im Jahr 2009 gab es große Fortschritte für das Recht der Pflege von Schwerbehinderten in ihrem Zuhause mit aus- reichender finanzieller Förderung. Im IHP3, Handbuch zur individuellen Hilfeplanung, des Landschaftsverbandes Rheinland wurde ein trägerübergreifendes persönliches Budget für Schwerbehinderte definiert. Damit wird eine kon- krete Hilfeplanung eben auch für Zuhause – und nicht nur im Heim – garantiert.

Das IHP3 basiert auf den Richtlinien des aktualisierten SGB aus dem Jahr 2009. Die Weltgesundheitsorganisation (WHO) verabschiedete im Mai 2001 das Recht auf selbstbestimmtes Leben für Schwerbehinderte. Dieses Recht ist vor der UN einklagbar. Es fand in der europäischen und deutschen Gesetzgebung nach der Ratifizierung

(2008) im Jahr 2009 Eingang in das deutsche Sozialgesetzbuch (SGB)[2] .

3.1.3 Veränderungen

Im Mai 2010 veröffentlichte der Sozialmediziner Dieter Schneider eine Studie, die auf Daten des Statistischen Lan- desamtes Nordrhein-Westfalens basiert und beschreibt, wie sich die Anerkennung von Schwerbehinderungen nach

12

3.2. EINZELNACHWEISE
13

der Auflösung der zentralen Versorgungsämter in 2008 verändert hat. Schneider: *„Die Auflösung der Versorgungsämter führt zu einer ungleichen Behandlung behinderter Menschen in NRW".* Offenbar haben einige finanzschwache Kommunen seit 2008 weniger Schwerbehinderungen anerkannt als vor der Reform. Z. B. ging in Duisburg die Zahl um 6,5 Prozent zurück.

3.2 Einzelnachweise

[1] Statistik zu schwerbehinderten Menschen Abgerufen am 27. September 2013. [2] tv-orange.de, Bericht

[3] Westdeutsche Allgemeine Zeitung: Sozialmediziner: „Auflösung der Versorgungsämter bewirkt Ungleichbehandlung behin- derter Menschen". 17. Mai 2010

3.3 Lese dazu:

Schwerbehindertenrecht (Deutschland)
Schwerbehindertenvertretung
Schwerstbehinderung

Grad der Behinderung

Der Grad der Behinderung (GdB) ist ein Begriff aus dem deutschen Schwerbehindertenrecht. Es handelt sich um eine Maßeinheit für den Grad der Beeinträchtigung durch eine Behinderung. Benutzt wird der Begriff im Neunten Buch Sozialgesetzbuch (SGB IX) – Rehabilitation und Teilhabe behinderter Menschen.

4.1 Begriff

Hervorgegangen ist dieser Begriff aus der ursprünglichen Bezeichnung „MdE – (Grad der) Minderung der Erwerbs- fähigkeit", wie er noch heute im Recht der gesetzlichen Unfallversicherung und im Recht der sozialen Entschädigung verwendet wird (Bundesversorgungsgesetz und die darauf verweisenden Gesetze, insbesondere das Zivildienstgesetz, das Soldatenversorgungsgesetz und das Opferentschädigungsgesetz). Die abweichende Bezeichnung wurde einge- führt, um ausdrücklich klarzustellen, dass nicht (isoliert) eine Leistungsbeeinträchtigung im Erwerbsleben, sondern eine Beeinträchtigung in allen Lebensbereichen berücksichtigt wird.

Der Grad der Behinderung beginnt bei 20 und reicht in Zehnerschritten bis 100. Dabei handelt es sich nicht um Pro- zentangaben, wie oft irrtümlich angenommen. Je höher der Wert, desto umfangreicher sind die Beeinträchtigungen.

4.2 Schwerbehinderung

Als schwerbehindert gelten alle Personen mit einem Grad der Behinderung von mindestens GdB 50, der vom Versorgungsamt oder dem Amt für Soziale Angelegenheiten festgestellt wird. Bei einem Behinderungsgrad von mindestens GdB 30 kann man unter bestimmten Voraussetzungen durch die Agentur für Arbeit gleichgestellt werden.

4.3 AHP und Versorgungsmedizinische Grundsätze

Die Kriterien für die Bestimmung des GdB waren bis zum 31. Dezember 2008 die Anhaltspunkte für die ärztliche

Gutachtertätigkeit im sozialen Entschädigungsrecht und nach dem Schwerbehindertenrecht (AHP). Am 1. Januar 2009 wurden sie von den „Versorgungsmedizinischen Grundsätzen" abgelöst, die seitdem in der Anlage zu § 2 der Versorgungsmedizin-Verordnung (VersMedV) enthalten sind.

4.4 GdB und Merkzeichen

Merkmale und Merkzeichen

Neben dem Grad der Behinderung werden, wenn die jeweiligen Voraussetzungen vorliegen, im Schwerbehindertenausweis zusätzlich Merkzeichen eingetragen, mit denen besondere Beeinträchtigungen nachgewiesen werden können.

14

4.5. LESE DAZU:
15

4.5 Lese dazu:

Behindertenpauschbetrag

4.6 Literatur

Stefanie Vogl: Soziales Versorgungsrecht: „Grad der Schädigungsfolge" bestimmt jetzt den Rentenanspruch.
„Versorgungsmedizinische Grundsätze" ersetzen „Anhaltspunkte" – auch bei Feststellung eines Grades der
Behinderung. In: SozSich. 2009, S. 353.
Manfred Benz: Die Festsetzung des Gesamt-GdB (Schwerbehindertenrecht) und der Gesamt-MdE (gesetzliche
Unfallversicherung). In: Die Sozialgerichtsbarkeit. 2009, S. 353.

4.7 Realityfilm.de

Die wichtigsten GdB-abhängigen Rechte und Nachteilsausgleiche (Memento vom 27. April 2012 im Internet
Archive)

Verordnung zur Durchführung des § 1 Abs. 1 und 3, des § 30 Abs. 1 und des § 35 Abs. 1 des Bundesversor- gungsgesetzes (VersMedV). Juris, abgerufen am 18. Januar 2011 (Volltext).
Versorgungsmedizinische Grundsätze zur Ermittlung des GdB / GdS, vom Bundesministerium für Arbeit und Soziales
VdK: Grad der Behinderung (GdB) und Grad der Schädigungsfolgen (GdS) (Memento vom 6. Januar 2013 im Internet Archive)
Häufige Fehler in ärztlichen Attesten (PDF)
Urteile zum GdB in REHADAT

Neuntes Buch Sozialgesetzbuch

Das Neunte Buch Sozialgesetzbuch (SGB IX) enthält die Vorschriften zu Rehabilitation und Teilhabe behinderter Menschen in Deutschland. Mit dem SGB IX wurde das Rehabilitationsrecht und das Schwerbehindertenrecht in das Sozialgesetzbuch eingeordnet.
Das Gesetz trat am 1. Juli 2001 in Kraft. (§ 56 trat am 1. Juli 2000, § 50 Abs. 3 und § 144 Abs. 2 traten am 23. Juni
2001 in Kraft).

5.1 Zweck

Das SGB IX hat den Zweck, behinderte und von Behinderung bedrohte Menschen bezüglich ihrer Selbstbestimmung und ihrer gleichberechtigten Teilhabe am Leben in der Gesellschaft zu fördern und Benachteiligungen zu vermeiden bzw. entgegenzuwirken.

5.2 Leistungserbringung

Der zuständige Sozialleistungsträger kann die Reha- und Teilhabeleistungen allein oder mittels gemeinnütziger oder privater Rehabilitationsdienste und -einrichtungen erbringen (§ 17 Abs. 1 SGB IX). Das Leistungserbringungsrecht führt dann zu einem sozialrechtlichen Dreiecksverhältnis.

5.3 Aufbau

Das SGB IX ist in zwei Teile gegliedert und diese in Kapitel und teilweise in Titel.

Teil 1 (§§ 1 bis 67): Regelungen für behinderte und von Behinderung (Sozialrecht) bedrohte Menschen
Kapitel 1 (§§ 1 bis 16): Allgemeine Regelungen
Kapitel 2 (§§ 17 bis 21a): Ausführung von Leistungen zur Teilhabe, Persönliches Budget
Kapitel 3 (§§ 22 bis 25): Gemeinsame Servicestellen
Kapitel 4 (§§ 26 bis 32): Leistungen zur medizinischen Rehabilitation
Kapitel 5 (§§ 33 bis 43): Leistungen zur Teilhabe am Arbeitsleben
Kapitel 6 (§§ 44 bis 54): Unterhaltssichernde und andere ergänzende Leistungen
Kapitel 7 (§§ 55 bis 59): Leistungen zur Teilhabe am Leben in der Gemeinschaft
Kapitel 8 (§§ 60 bis 67): Sicherung und Koordinierung der Teilhabe
Titel 1 (§§ 60 bis 62): Sicherung von Beratung und Auskunft
Titel 2 (§ 63): Klagerecht der Verbände
Titel 3 (§§ 64 bis 67): Koordinierung der Teilhabe behinderter Menschen

5.4. LITERATUR
17

Teil 2 (§§ 68 bis 160): Besondere Regelungen zur Teilhabe behinderter Menschen (Schwerbehindertenrecht)

Kapitel 1 (§§ 68 bis 70): Geschützter Personenkreis

Kapitel 2 (§§ 71 bis 79): Beschäftigungspflicht der Arbeitgeber

Kapitel 3 (§§ 80 bis 84): Sonstige Pflichten der Arbeitgeber; Rechte der schwerbehinderten Menschen; betriebliches Eingliederungsmanagement

Kapitel 4 (§§ 85 bis 92): Kündigungsschutz

Kapitel 5 (§§ 93 bis 100): Betriebs-, Personal-, Richter-, Staatsanwalts- und Präsidialrat, Schwerbehindertenvertretung, Beauftragter des Arbeitgebers

Kapitel 6 (§§ 101 bis 108): Durchführung der besonderen Regelungen zur Teilhabe behinderter Menschen

Kapitel 7 (§§ 109 bis 115): Integrationsfachdienste

Kapitel 8 (§§ 116 bis 117): Beendigung der Anwendung der besonderen Regelungen zur Teilhabe schwer- behinderter und gleichgestellter behinderter Menschen

Kapitel 9 (§§ 118 bis 121): Widerspruchsverfahren

Kapitel 10 (§§ 122 bis 131): Sonstige Vorschriften

Kapitel 11 (§§ 132 bis 135): Integrationsprojekte

Kapitel 12 (§§ 136 bis 144): Werkstätten für behinderte Menschen

Kapitel 13 (§§ 145 bis 154): Unentgeltliche Beförderung schwerbehinderter Menschen im öffentlichen Personenverkehr

Kapitel 14 (§§ 155 bis 160): Straf-, Bußgeld- und Schlussvorschriften

5.4 Literatur

Ernst/Adlhoch/Seel, Sozialgesetzbuch IX, Rehabilitation und Teilhabe behinderter Menschen, Loseblatt-Kommentar, Verlag W. Kohlhammer, ISBN 978-3-17-018016-1
Feldes/Kamm/Peiseler/Rehwald/von Seggern/Westermann/Witt: Schwerbehindertenrecht. Basiskommentar zum
SGB IX mit Wahlordnung, 10. Aufl., Frankfurt a. M. 2009, Bund-Verlag, ISBN 978-3-7663-3899-0
Feldes/Kohte/Stevens-Bartol (Hrsg.): SGB IX. Sozialgesetzbuch IX. Rehabilitation und Teilhabe behinderter
Menschen. Kommentar für die Praxis, 2. Auflage, Frankfurt a. M. 2011, Bund-Verlag, ISBN 978-3-7663-6079-3

Feldes/Kohte/Stevens-Bartol/Ritz/Schmidt (Hrsg.): Schwerbehindertenrecht online. Fachmodul für die Schwer- behindertenvertretung. Mit Kommentar für die Praxis zum SGB IX, Update einmal jährlich, Bund-Verlag, ISBN 978-3-7663-8176-7

Bernhard Knittel: SGB IX Rehabilitation und Teilhabe behinderter Menschen - Kommentar, Loseblattwerk. Verlag R. S. Schulz, Stand: 1. April 2008. ISBN 978-3-7962-0615-3

Peter Trenk-Hinterberger: Die Rechte behinderter Menschen und ihrer Angehörigen, zuletzt: 37. Aufl. 2010,
444 S., BAG SELBSTHILFE e.V., Düsseldorf, ISBN 978-3-89381-120-5

5.5 Realityfilm.de

Text des Neunten Buches Sozialgesetzbuch Diskussionsforum Rehabilitations- und Teilhaberecht zur Weiterentwicklung und Anwendung des SGB IX Erläuterungen des SGB IX durch das Bundesministerium für Arbeit und Soziales

Informationsplattform des Beauftragten der Bundesregierung für die Belange behinderter Menschen zur Um- setzung des neuen SGB IX
Frank Haastert 2005: Literaturarbeit:"SGB IX - Ziele und Umsetzungsstand" bei pflegewiki.de

Sozialgesetzbuch (SGB) Neuntes Buch (IX) – Rehabilitation und Teilhabe behinderter Menschen vom 19. Juni
2001. Historisch-synoptische Edition. 2001–2008 – sämtliche Fassungen seit dem Inkrafttreten mit Geltungszeitraum und Synopsen Online-Handbuch "Aktiv-gegen-Diskriminierung!" des Deutschen Instituts für Menschenrechte

Sozialrecht in Deutschland

Sozialgesetzbuch Bücher I–XII: (I) Allgemeiner Teil | (II) Grundsicherung für Arbeitsuchende | (III) Arbeitsförde- rung | (IV) Gemeinsame Vorschriften | (V) Krankenversicherung | (VI) Rentenversicherung | (VII) Unfallversicherung | (VIII) Kinder- und Jugendhilfe | (IX) Rehabilitation und Teilhabe behinderter Menschen | (X) Sozialverwaltungs- verfahren und Sozialdatenschutz | (XI) Pflegeversicherung | (XII) Sozialhilfe
Ausbildungsförderung | Reichsversicherungsordnung | Alterssicherung der Landwirte | Krankenversicherung der Land- wirte | Bundesversorgungsgesetz | Opferentschädigungsgesetz | Gesetz über das Verwaltungsverfahren der Kriegsop- ferversorgung | Bundeskindergeldgesetz | Wohngeldgesetz | Adoptionsvermittlungsgesetz | Unterhaltsvorschussgesetz | Bundeselterngeld- und Elternzeitgesetz | Altersteilzeitgesetz | Gesetz zur Vermeidung und Bewältigung von Schwan- gerschaftskonflikten

Kapitel 6

Opferentschädigungsgesetz

Das Opferentschädigungsgesetz (OEG) ist ein deutsches Bundesgesetz im Bereich des Sozialen Entschädigungs- rechts. Es trat am 7. Januar 1985 in Kraft. Es löste das bisherige OEG vom 15. Mai 1976 ab.

Das Gesetz gilt nach § 68 SGB I als besonderer Bestandteil des Sozialgesetzbuches und soll langfristig dort eingeordnet werden.

6.1 Zweck

Der Leitgedanke (die ratio legis) des Gesetzes ist die Verantwortung des Staates, seine Bürger vor Gewalttaten und Schädigungen durch kriminelle Handlungen zu schützen, da er der Träger des Gewaltmonopols und der Verbre- chensverhütung und -bekämpfung sei. Dies hatte das Bundessozialgericht in einem Urteil vom 7. November 1979 festgestellt.[1] Versagt dieser Schutz, so haftet der Staat dem Opfer nach den Voraussetzungen des OEG als Ausfluss des allgemeinen Aufopferungsanspruchs.
Wenn die Opfer von Gewaltdelikten erwerbsunfähig, hilflos oder pflegebedürftig werden, so muss ihnen der Staat
Schutz gewähren.[2] Dieser Schutz ist Ausfluss des Sozialstaatsprinzips nach Art. 20 Abs. 1 GG.

6.2 Anwendbarkeit

Grundsätzlich stehen allen Menschen, die sich rechtmäßig in Deutschland aufhalten, Entschädigungsleistungen nach dem OEG zu. Hierbei kann auch das ungeborene Kind, der Nasciturus, anspruchsberechtigt sein (etwa bei Schädigung durch eine Vergewaltigung der schwangeren Mutter).

Neben Deutschen und EU-Staatsangehörigen haben auch andere Ausländer, die sich bereits seit drei Jahren recht- mäßig in Deutschland aufhalten, einen Anspruch auf das volle Leistungsspektrum des OEG. Andere Ausländer, die noch keine drei Jahre in Deutschland sind, erhalten jedoch nur einkommensunabhängige Leistungen. Ausländische Besucher und Touristen, die sich vorübergehend für höchstens drei Monate in Deutschland aufhalten, können ne- ben Kosten für Heil- und Krankenbehandlung lediglich eine Härteleistung in Form einer einmaligen Geldzahlung bekommen.

Ansprüche auf das volle Leistungsspektrum besteht auch, wenn die sog. Gegenseitigkeit gegeben ist. Gegenseitigkeit heißt hierbei, dass in dem Heimatstaat des betroffenen Ausländers ein Deutscher Anspruch aufgrund eines vergleich- baren Gesetzes hätte. Für die meisten Länder besteht allerdings keine Gegenseitigkeit.

Die Leistungen des OEG richten sich nach dem Bundesversorgungsgesetz als „Grundgesetz der sozialen Entschä- digung", da das OEG zu diesem Rechtsbereich zählt. Deutschen und EU-Staatsangehörigen werden die Leistungen nach dem

OEG auch ins Ausland erbracht. Bei allen anderen Ausländern erlischt der Anspruch mit ihrer Ausreise aus Deutschland und wird mit einer Abfindung abgegolten.

6.3 Inhalt
6.3.1 Grundanspruch

Wichtigste Regelung ist die Anspruchsklausel in § 1 Abs. 1 OEG. Anspruch auf Versorgung hat demnach, wer durch einen vorsätzlichen, rechtswidrigen, tätlichen Angriff an der Gesundheit geschädigt ist.

Tätlicher Angriff ist hierbei jede in feindlicher Willensrichtung unmittelbar auf den Körper eines anderen zielende Einwirkung. Es muss zu einer Angriffshandlung gekommen sein, wobei allerdings nach der Rechtsprechung eine kör- perliche Berührung nicht erforderlich ist. Als Angriff zählen etwa die „klassischen" Körperverletzungen, aber auch Sexualdelikte und einige Sonderfälle, etwa die extreme Vernachlässigung eines Kleinkindes. Nicht ausreichend sind bloße Drohungen mit Gewalt oder die Schaffung einer allgemeinen Gefahrenlage. Selbst die Bedrohung mit einer scharf geladenen und entsicherten Schusswaffe stellt nach aktueller Rechtsprechung keine ausreichende Anspruchs- berechtigung nach dem OEG dar.[3] Stalking stellt nicht automatisch einen tätlichen Angriff dar; erforderlich ist eine direkt auf den Körper gerichtete Gewalttat, jedenfalls aber muss körperliche Gewalt unmittelbar bevorstehen.[4]

Ein tätlicher Angriff kann parallel zu § 13 StGB auch vorliegen, wenn der Erfolg der Straftat durch Unterlassen (nicht gemeint ist die unterlassene Hilfeleistung) erwirkt wird und der Täter gegenüber dem Opfer eine Garantenstellung einnimmt.

Rechtswidrig ist grundsätzlich jeder tätliche Angriff, außer es liegen Rechtfertigungsgründe, wie z. B. die Notwehr oder ein rechtfertigender Notstand vor.

Vorsatz liegt auf Seiten des Täters im „Wissen und Wollen" von tätlichem Angriff und der körperlichen Schädigung. Der Vorsatz muss sich allerdings nicht auf die Schädigungsfolgen beziehen, die aus der Verletzung resultieren (z. B. wenn eine Schussverletzung die Amputation eines Beines erforderlich macht).

Die Auswirkungen der Schädigungsfolgen werden mit dem Grad der Schädigungsfolgen (GdS) bemessen. Der GdS ist nach den allgemeinen Auswirkungen der Funktionsbeeinträchtigungen, die durch die als Schädigungsfolge an- erkannten körperlichen, geistigen oder seelischen Gesundheitsstörungen bedingt sind, in allen Lebensbereichen zu beurteilen. Der Grad der Schädigungsfolgen ist nach Zehnergraden von 10 bis 100 zu bemessen; ein bis zu fünf Grad geringerer Grad der Schädigungsfolgen wird vom höheren Zehnergrad mit umfasst („medizinischer" GdS). Liegt als Folge eines rechtswidrigen tätlichen vorsätzlichen Angriffs allerdings eine vorübergehende gesundheitliche Schädi- gung vor, die folgenlos abheilt, so hat der Geschädigte keinen Anspruch auf Opferentschädigung. Als vorübergehend wird hierbei ein Zeitraum von bis zu sechs Monaten definiert. Für die abgeheilten Schädigungsfolgen besteht jedoch ein Anspruch auf Heilbehandlung nach § 1 OEG in Verbindung mit § 10 Abs. 1 BVG.

6.3.2 Ausschluss des Anspruchs

Dem Anspruch können Versagungsgründe nach § 2 OEG entgegenstehen.
Versorgung wird danach insbesondere versagt, wenn der Geschädigte die Schädigung selbst (mit)verursacht hat oder wenn es aus anderen Gründen unbillig wäre, Versorgung zu gewähren. Unbilligkeit ist etwa gegeben, wenn der Ge- schädigte einer kriminellen Organisation angehört und in diesem Zusammenhang angegriffen wird. Der Anspruch entfällt auch, wenn die gezahlten Versorgungsleistungen letztlich dem Täter zukommen würden. Dies ist insbesondere bei innerfamiliärer Gewalt des Vaters oder der Mutter denkbar.

6.3.3 Kostenträgerschaft und Verwaltungsverfahren

§ 4 OEG nennt die Kostenträgerschaft, die zu 40 % durch den Bund, die übrigen 60 % durch das Land, in dem die Schädigung stattfand, getragen wird. Hiermit wird dem Gedanken Rechnung getragen, dass die Schädigungen ein Versäumen der Polizei bei der Kriminalitätsprävention in dem Tatort-Bundesland darstellen.
In aller Regel werden die Kosten der Krankenbehandlung (und nur solche sind hier

ersatzfähig) zunächst von den Krankenkassen getragen. Diese erhalten dann eine Pauschalzahlung von Bund und Ländern zum Ausgleich ihrer Vorleistung.

Werden Leistungen durch das OEG gewährt, so gehen bestimmte gesetzliche Ansprüche nach § 5 OEG auf das Land über. Dies bedeutet, dass das Land gegenüber dem Täter Schadensersatzansprüche geltend machen kann, wenn und soweit diese den Leistungen nach dem OEG in Verbindung mit dem Bundesversorgungsgesetz entsprechen.

Die Ansprüche gehen im Wege der Legalzession im Zeitpunkt der Tat auf das Land über. Wenn sich Täter und Opfer also außergerichtlich oder im Strafprozess auf eine Zahlung einigen, betrifft dies nur nicht-übergegangene Ansprüche, etwa das Schmerzensgeld (denn das Opfer ist nicht mehr Inhaber des Schadensersatzanspruches).

Das Land versucht sodann, die Kosten für die Krankenbehandlung beim Täter geltend zu machen.

In § 6 OEG ist die örtliche Zuständigkeit sowie die Anwendbarkeit von Verfahrensvorschriften geregelt.

Nach § 6a OEG übernimmt das Bundesministerium für Arbeit und Soziales die Aufgabe der Behörde nach dem Europäischen Übereinkommen von 1983 über die Entschädigung von Opfern von Gewalttaten.

Gemäß § 7 OEG ist grundsätzlich der Rechtsweg der Sozialgerichtsbarkeit gegeben; wenn Leistungen der Kriegsop- ferfürsorge gezahlt werden, ist ausnahmsweise der Verwaltungsrechtsweg gegeben.

6.3.4 Übergangsvorschriften

Nach § 10 OEG besteht grundsätzlich nur ein Anspruch für Schädigungen, die nach Inkrafttreten des OEG begangen wurden. Das OEG ist hierbei am 16. Mai 1976 in Kraft getreten. Die §§ 10a–d OEG regeln darüber hinaus bestimmte Härtefälle, in denen bei Ausländern, die nach § 1 OEG keinen Grundanspruch haben,oder bei Taten in der ehemaligen DDR, oder bei Taten, die in der Zeit vom 23. Mai 1949 bis 15. Mai 1976 begangen wurden, abweichend geleistet werden kann.

6.3.5 Leistungen und Höhe der Leistungen

Das OEG enthält keine eigenständigen Versorgungsleistungen. Vielmehr ist nach § 1 Abs. 1 OEG der gesamte Leis- tungskatalog des Bundesversorgungsgesetzes anzuwenden. Dieser umfasst insbesondere Heilbehandlung der Schädigung, einkommensunabhängige Rentenleistungen aufgrund der bleibenden Schädigungsfolgen, sowie einkommens- abhängige Leistungen mit Lohnersatzfunktion. Stirbt der Geschädigte, besteht eventuell ein Anspruch auf Hinterbliebenenversorgung, Sterbe- und Bestattungsgeld.

6.4 Anwendung

6.4.1 Statistiken zur Anwendung

Von den im Jahr 2008 in Deutschland rund 210.000 unter dem Begriff Gewaltkriminalität erfassten Fällen wurde von 10,5 % der Anspruchsberechtigten ein Antrag gestellt. Von den gestellten Anträgen wurden 44 % abgelehnt, wobei die Ablehnungsquote in Rheinland-Pfalz mit 30 % und Bayern mit 33 % am niedrigsten und im Saarland mit 64 % und Berlin mit 63 % am größten war.

6.4.2 Urteile des Bundessozialgerichts
Beweisführung

Das Bundessozialgericht hielt mit Hinblick auf die Beweislast im Leitsatz des Urteils vom 31. Mai 1989 fest: „Die für Kriegsopfer geschaffene Beweiserleichterung nach § 15 KOVVfG gilt auch für Gewaltopfer." Die Anwendbarkeit des KOVVfG beruht dabei auf § 6 Abs. 3 OEG: Das Gesetz über das Verwaltungsverfahren der Kriegsopferversorgung, mit Ausnahme der §§ 3 bis 5, sowie die Vorschriften des Sozialgerichtsgesetzes über das Vorverfahren sind anzuwenden.[7]
Am 12. Dezember 1995 wurde entschieden, dass, so keine weiteren unmittelbaren Tatzeugen vorhanden sind, auch die Angaben des Verletzten allein genügen können, so sie den Umständen nach glaubhaft sind.

Tatbestand

Zwei Urteile des BSG behandeln die Frage ob ein „vorsätzlicher, rechtswidriger tätlicher Angriff" vorlag. Am 8. November 2007 entschied das BSG, dass auch strafunmündige Kinder einen vorsätzlichen

Angriff begehen können, weil es auf die Schuldfähigkeit im Rahmen des sozialen Entschädigungsrechts nicht ankomme.[9]

Zwei weitere Urteile beschäftigen sich mit Versagungsgründen: In einem Fall vom 29. März 2007, verneint das BSG, dass ein Gefängnisinsasse allein durch seinen Aufenthalt im Gefängnis zur Schädigung so beitrug, das eine Entschä- digung nach OEG abzulehnen sei.[10]

Am 6. Juli 2006 entschied das BSG, wozu ein redaktioneller Leitsatz besteht: „Ein Tatbeitrag des Gewaltopfers, der unter der Schwelle versorgungsausschließender Mitverursachung bleibt, kann zusammen mit anderen Umständen die Gewährung von Leistungen als unbillig erscheinen lassen."

6.5 Übereinkommen der EU-Mitgliedsstaaten

Der Europarat hat am 24. November 1983 das Europäische Übereinkommen über die Entschädigung für Opfer von Gewalttaten aufgelegt. Für die Vertragsstaaten dieses Übereinkommens besteht „Gegenseitigkeit". Deutschland ist dem Übereinkommen beigetreten und hat es am 1. März 1997 ratifiziert.

6.6 Lese dazu:

Gewaltschutzgesetz
Opferrechtsreformgesetz

6.7 Literatur

Dirk Heinz: Das Opferentschädigungsgesetz im Spiegel der Rechtsprechung. 2. Auflage. Sankt Augustin 2008, ISBN 978-3-537-31212-9.
Dirk Heinz: Opferentschädigungsgesetz (OEG). Kommentar. 1. Auflage. Verlag W. Kohlhammer, Stuttgart
2008, ISBN 978-3-17-019873-9.

Joachim Herrmann: Die Entwicklung des Opferschutzes im deutschen Strafrecht und Strafprozessrecht. Zeitschrift für Internationale Strafrechtsdogmatik (ZIS) 2010, S. 430 (PDF; 144 kB).

Eduard Kunz, Gerhard Zellner: Opferentschädigungsgesetz (OEG). Kommentar. 5. Auflage. München 2010, ISBN 978-3-406-59565-3.

6.8 Realityfilm.de

Text des Opferentschädigungsgesetzes

6.9 Einzelnachweise

[1] BSG, Urteil vom 7. November 1979, Az. 9 RVg 2/78; BVBl. 6/1980, S. 1. [2] so Bundestagsdrucksache VII/2506, S. 9.
[3] BSG, Urteil vom 16. Dezember 2014, Az. B 9 V 1/13 R, Volltext. [4] BSG, Urteil vom 7. April 2011, Az. B 9 VG 2/10 R, Volltext.

[5] Statistiken zur staatlichen Opferentschädigung. Weisser Ring, abgerufen am 23. Dezember 2011.

[6] Staatliche Opferentschädigung in Deutschland im Jahr 2008. Weisser Ring, abgerufen am 23. Dezember 2011 (PDF; 23 kB).
[7] BSG, Urteil vom 31. Mai 1989, Az. 9 RVg 3/89, Leitsatz. [8] BSG, Az. 9 RVg 6/95 – ohne Fundstelle
[9] BSG, Urteil vom 8. November 2007, Az. B 9/9a VG 3/06 R, Volltext
[10] BSG, Urteil vom 29. März 2007, Az. B 9a VG 2/05 R, Volltext.
[11] BSG, Urteil vom 6. Juli 2006, Az. B 9a VG 1/05 R, Volltext, Leitsatz der Redaktion.

Sozialrecht in Deutschland

Sozialgesetzbuch Bücher I–XII: (I) Allgemeiner Teil | (II) Grundsicherung für Arbeitsuchende | (III) Arbeitsförde- rung | (IV) Gemeinsame Vorschriften | (V) Krankenversicherung | (VI) Rentenversicherung | (VII) Unfallversicherung | (VIII) Kinder- und Jugendhilfe | (IX) Rehabilitation und Teilhabe behinderter Menschen |

(X)   Sozialverwaltungs-   verfahren   und Sozialdatenschutz | (XI) Pflegeversicherung | (XII) Sozialhilfe

Ausbildungsförderung |
Reichsversicherungsordnung | Alterssicherung der Landwirte | Krankenversicherung der Land- wirte | Bundesversorgungsgesetz |
Opferentschädigungsgesetz | Gesetz über das Verwaltungsverfahren der Kriegsop- ferversorgung | Bundeskindergeldgesetz | Wohngeldgesetz | Adoptionsvermittlungsgesetz |
Unterhaltsvorschussgesetz
| Bundeselterngeld- und Elternzeitgesetz | Altersteilzeitgesetz | Gesetz zur Vermeidung und Bewältigung von Schwan- gerschaftskonflikten

Entschädigung

Eine Entschädigung ist eine Leistung, insbesondere eine Geldleistung, die zum Ausgleich erlittener Nachteile oder Einschränkungen geleistet wird. Während der Begriff des Schadensersatzes den zivilrechtlichen Ausgleich für solche Einbußen beschreibt, die im privaten Rechtsverkehr entstanden sind, pflegt man mit dem Begriff der Entschädi- gung vor allem den Ausgleich für Nachteile durch die öffentliche Hand zu verstehen (vgl. jedoch Entschädigung im Steuerrecht).

7.1 Umfang

Ob und in welchem Umfange Schäden auszugleichen sind, hängt von der Natur ihrer Entstehung ab. Generell gilt aber, dass der Staat einem Bürger einen (wirtschaftlichen) Nachteil nur zumuten darf, wenn eine entsprechende Ent- schädigung vorgesehen ist. Für enteignende Gesetze sieht Art. 14 GG ein derartiges Junktim explizit vor. In anderen Fällen folgt die Entschädigungspflicht des Staates aber gleichfalls aus dem Grundgedanken des Eigentumsschutzes.
In etlichen Fällen regeln eigene Gesetze die Frage der Entschädigung, so das deutsche Justizvergütungs- und - entschädigungsgesetz (JVEG), das an die Stelle des früheren ZSEG (Gesetz über die Entschädigung von Zeugen und Sachverständigen) getreten ist, oder das Gesetz über

die Entschädigung für Strafverfolgungsmaßnahmen (StrEG). Einen mit großem öffentlichen Interesse diskutierten Sonderfall stellte die Frage dar, inwieweit die Bundesrepublik Deutschland oder auch größere Wirtschaftsunternehmen über zivilrechtlichen Schadensersatzpflichten hinaus zur Leistung einer Entschädigung für Zwangsarbeit während der Zeit des Nationalsozialismus schuldeten (siehe: Stiftung „Erinnerung, Verantwortung und Zukunft").

7.2 Steuerliche Veranlagung

Bei der Einkommensteuer sind Entschädigungszahlungen steuerlich begünstigt.

Gar nicht der Einkommensteuer unterliegen generell Entschädigungen, die in keine der Einkunftsarten fallen. Dazu gehören z. B. Entschädigungen, die eine Versicherung aufgrund eines privaten Versicherungsvertrags leistet sowie das Schmerzensgeld.

Daneben gibt es Entschädigungen, die aufgrund besonderer Befreiungsvorschriften von der Besteuerung aus- genommen sind: Kapitalabfindungen aufgrund der gesetzlichen Rentenversicherung, Abfindungen wegen ei- ner vom Arbeitgeber veranlassten oder gerichtlich ausgesprochenen Auflösung des Dienstverhältnisses sowie Übergangsgelder und Übergangsbeihilfen aufgrund gesetzlicher Vorschriften wegen Entlassung aus einem Dienstverhältnis (durch Höchstbeträge begrenzt und nur noch bis 31. Dezember 2005).

Für bestimmte Entschädigungen sind Tarifbegünstigungen vorgesehen:

Ersatz für entgangene oder entgehende Einnahmen – nicht ausschließliche, aber hauptsächliches Anwendungsgebiet ist die Abfindung im Arbeitsrecht

Ersatz für die Aufgabe oder Nichtausübung einer Tätigkeit – z. B. Zahlungen, die ein Konkurrenzunter-
nehmen für die Verpflichtung leistet, die bisherige Tätigkeit nicht mehr auszuüben.
Entschädigungen für die Aufgabe einer Gewinnbeteiligung oder -anwartschaft
Ausgleichszahlungen an Handelsvertreter

7.3 Entschädigungen zwischen Völkern

Entschädigungen gibt es auch zwischen Völkern; sie werden dann auch Reparationen genannt. Zum Beispiel gründeten die Vereinten Nationen nach dem Überfall des Irak auf Kuwait – 1990 unter Saddam Hussein – eine Reparations- kommission. Der später von den USA besiegte Irak zahlte aus seinen Öleinnahmen an Kuwait 34 Milliarden Dollar (Stand Juli 2011).[1] [2]

7.4 Lese dazu:

Abfindung

7.5 Einzelnachweise

[1] Rheinische Post: UN-Einigung über Erleichterungen für Irak, 28. September 2000. [2] Frankfurter Neue Presse: Entschädigung für Kuwait-Überfall, 12. August 2011.

7.6 Literatur

Wolfgang Schlick: Die Rechtsprechung des BGH zu den öffentlich-rechtlichen Ersatzleistungen   - Öffentlich- rechtliche Entschädigung, NJW 43/2011, 3137 (Anm.: Vorgängeraufsätze in NJW 2009, 3139 und NJW 2009, 3487)

7.7 Realityfilm.de

Landschaftsverbände in Nordrhein-Westfalen

Die Zuständigkeitsgebiete der nordrhein-westfälischen Landschaftsverbände
Die Landschaftsverbände in Nordrhein-Westfalen sind Einrichtungen der kommunalen Selbstverwaltung in Nordrhein- Westfalen. Neben Niedersachsen ist Nordrhein-Westfalen das einzige Land, in dem Landschaftsverbände wichtige öffentliche Aufgaben erfüllen.

8.1 Organisation

In Nordrhein-Westfalen existieren zwei Landschaftsverbände. Dies sind für den rheinischen Landesteil der Landschaftsverband Rheinland (LVR) mit Sitz in Köln und
für den westfälisch-lippischen Landesteil der Landschaftsverband Westfalen-Lippe (LWL) mit Sitz in Münster.

Die Landschaftsverbände haben aber keine Gebietshoheit. Verfassungsrechtlich gelten die Landschaftsverbände heute
als ein Teil der kommunalen Selbstverwaltung. Dieser Vorstellung nach sind sie ein Zusammenschluss der Gebietskörperschaften
zur Erfüllung von Aufgaben, die über die Leistungsfähigkeit der einzelnen Kommunen hinausgehen. Ihre gesetzliche

Grundlage bildet die Landschaftsverbandsordnung Nordrhein-Westfalen. Oberstes Gremium ist die Landschaftsversammlung, die durch mittelbare Wahl gebildet wird. Sie setzt sich aus entsandten Mitgliedern der Kreistage und der
Stadträte im Fall von kreisfreien Städten zusammen. Die Zusammensetzung der Versammlung bildet damit die po-
litischen Mehrheitsverhältnisse in den Kreisen (und damit in Westfalen-Lippe bzw. Rheinland insgesamt) ab. Die Finanzausstattung erfolgt durch eine Umlage der Kreise und kreisfreien Städte. Weitere Organe sind der Direktor des Landschaftsverbandes, der jedoch weder Mitglied noch Vorsitzender der Landschaftsversammlung ist, und der andschaftsausschuss.
Umfangreiche Teile aus dem Staatsbesitz des 1947 aufgelösten Landes Lippe wurden dem Landesverband Lippe übertragen. Der Landesverband Lippe ist ein Kommunalverband des Kreises Lippe sowie der dortigen Gemeinden. Er übernimmt im lippischen Landesteil teils ähnliche Aufgaben neben dem Landschaftsverband Westfalen-Lippe, in dem die lippischen Kommunen voll beteiligt sind.

8.2 Aufgaben

Im sozialen Bereich übernehmen die Landschaftsverbände die Trägerschaft für überörtliche Sozial-, Behinderten- und Jugendhilfe (z.

B. Landesjugendamt) sowie für bedeutende soziale Einrichtungen, wie z. B. Fach- und insbeson- dere psychiatrische Krankenhäuser, Förderschulen für behinderte Kinder. Zu den Aufgaben der Landschaftsverbände gehören beispielsweise von jeher der Betrieb von (psychiatrischen) Landeskrankenhäusern etwa in Marsberg.

Weiterhin sind sie für die Kultur- und Denkmalpflege zuständig. Eine Besonderheit in Deutschland ist daher die Tat- sache, dass es in Nordrhein-Westfalen jeweils zwei Landeskonservatoren und Ämter für Denkmalpflege gibt. Für das Gebiet des LVR ist das Rheinische Amt für Denkmalpflege und für das Gebiet des LWL die LWL-Denkmalpflege, Landschafts- und Baukultur in Westfalen zuständig. Auch ehemalige Denkmäler und andere Besitzungen der Pro- vinzen sind bis heute im Besitz der Landschaftsverbände geblieben. Ein Beispiel ist das Kaiser-Wilhelm-Denkmal an der Porta Westfalica. Der Landschaftsverband Westfalen-Lippe betreibt außerdem 17, der Landschaftsverband Rheinland sechs Museen.

8.3 Geschichte

Die heutigen Landschaftsverbände gehen auf Provinzialverbände der preußischen Provinzen Rheinland (Provinzialverband Rheinland) und Westfalen (Provinzialverband Westfalen) zurück. Die Provinziallandtage vor 1933 wurden in eigenen direkten Wahlen bestimmt. Sie hatten bestimmte

Befugnisse in verschiedenen Bereichen und waren Teil der föderalen Struktur der Weimarer Republik. So entsandten die Provinziallandtage 13 der 26 preußischen Gesandten mit freiem Mandat in den Reichsrat (dem Vorläufer des heutigen Bundesrats). Dieses und alle anderen Rechte der Provinzen sind zunächst mit dem Gesetz über den Neuaufbau des Reichs vom 30. Januar 1934, mit dem die Gleichschaltung des Staates durch die Nationalsozialisten abgeschlossen wurde, aufgehoben worden. In stark verminderter Form wurden die Rechte der Landesvertretungen dann bei Gründung des Bundeslandes Nordrhein-Westfalen durch die britische Militärregierung auf die Landschaftsverbände Rheinland mit Sitz in Köln und Westfalen-Lippe in Münster übertragen.

Im Zuge der Reform der Regierungsbezirke wird auch eine Reform der Landschaftsverbände diskutiert, die aber ähnlich umstritten wie die Reform der Regierungsbezirke ist. Die Diskussion um eine Reform der mittleren Verwaltungsebene findet auch in Nordrhein-Westfalen statt. Die Kritik an den beiden Landschaftsverbänden ging so weit, dass vom da-
maligen Ministerpräsidenten Wolfgang Clement sogar ihre Auflösung vorgeschlagen wurde (siehe dazu auch Regierungsbezirke in Nordrhein-Westfalen). Clement scheiterte mit diesem Unterfangen. Die spätere Regierung Rüttgers plante die

Umwandlung der zwei Landschaftsverbände und
fünf Regierungsbezirke in drei Regionalbezirke, je
einen für das
Ruhrgebiet, Westfalen und das Rheinland.[1] Aber
auch diese Pläne wurden nicht verwirklicht.

8.4 Lese dazu:

Landschaften und Landschaftsverbände in
Niedersachsen
Landschaftsversammlung Rheinland
Landschaftsversammlung Westfalen-Lippe

8.5 Realityfilm.de

Landschaftsverbandsordnung Nordrhein-Westfalen
Website des Landschaftsverbands Westfalen-Lippe:
www.lwl.org
Website des Landschaftsverbands Rheinland:
www.lvr.de

8.6 Einzelnachweise

[1] Koalitionsvereinbarung

Kapitel 9

Bundesversorgungsgesetz
Das Gesetz über die Versorgung der Opfer des
Krieges (Bundesversorgungsgesetz – BVG) regelt in
Deutschland die staatliche Versorgung von
Kriegsopfern und Personenschäden, die sich aus den
Folgen des Zweiten Weltkrieges ergeben.

Das Gesetz gilt nach § 68 SGB I als besonderer
Bestandteil des Sozialgesetzbuches und soll
langfristig dort eingeordnet werden.

9.1 Anwendungsbereich

Es ist anzuwenden bei gesundheitlichen Schäden
durch (§ 1)

militärischen oder militärähnlichen Dienst
unmittelbare Kriegseinwirkung
Kriegsgefangenschaft

Internierung im Ausland oder in den nicht unter
deutscher Verwaltung stehenden deutschen Gebieten
wegen deutscher Staats- oder Volkszugehörigkeit

eine mit militärischem oder militärähnlichem Dienst
oder mit den allgemeinen Auflösungserscheinungen
zu-   sammenhängende   Straf-   oder
Zwangsmaßnahme, wenn sie den Umständen nach
als offensichtliches Unrecht anzusehen ist,

einen Unfall, wenn der Geschädigte auf dem Weg war, um entweder eine Leistung nach dem Gesetz zu erlangen oder auf Anforderung einer Versorgungsbehörde oder eines Gerichts zu erscheinen hatte oder der Unfall bei einer solchen Maßnahme stattfand.

Außerdem gilt das Gesetz für Personen, die bereits Leistungen nach mindestens einem der folgenden Gesetzen er- halten

Gesetz über den Ersatz der durch den Krieg verursachten Personenschäden (Kriegspersonenschädengesetz) in der Fassung der Bekanntmachung vom 22. Dezember 1927

Gesetz über den Ersatz der durch die Besetzung deutschen Reichsgebiets verursachten Personenschäden (Besatzungspersonenschä in der Fassung der Bekanntmachung vom 12. April 1927 (RGBl. I S. 103)

Deutsche, die in der Zeit vom 18. Juli 1936 bis 31. März 1939 in Spanien auf republikanischer Seite gekämpft haben (Spanischer Bürgerkrieg) und Hinterbliebene der obigen Personen

Vertriebene, die im Vertreibungsgebiet nach dem Ende des Zweiten Weltkrieges Wehrdienst leisten mussten und dabei beschädigt wurden

Militärischer und militärähnlicher Dienst war folgender Dienst

Musterung, Eignungsprüfung und Wehrüberwachung durch die Wehrmacht
Dienst als Soldat oder Wehrmachtbeamter und sonstiger Dienst aufgrund einer Einberufung oder Befehl des Befehlshaber oder freiwilliger Dienst in der Wehrmacht Einschiffung auf einem Schiff der Wehrmacht oder einem ihrer Hilfsschiffe

Dienst der Reichsbahnbediensteten und der Beamten der Zivilverwaltung, deren Dienst in der Wehrmacht angeordnet wurde
Dienst der Militärverwaltungsbeamten
Dienst der männlichen und weiblichen Wehrmachthelfer
Dienst bei der Freiwilligen Krankenpflege im Krieg,
Dienst bei der Pferdebeschaffungskommission der Wehrbezirkskommandos,
Dienst der Jungschützen, Jungmatrosen und Unteroffizierschüler der Luftwaffe,
Reichsarbeitsdienst,

Dienst aufgrund der Dritten Verordnung zur Sicherstellung des Kräftebedarfs für Aufgaben von besonderer staatspolitischer Bedeutung (Notdienstverordnung)
Dienst in Wehrertüchtigungslagern,
Dienst in der Organisation Todt für Zwecke der Wehrmacht
Dienst im Baustab Speer/Osteinsatz für Zwecke der Wehrmacht

Dienst im Luftschutz auf Grund der Ersten Durchführungsverordnung zum Luftschutzgesetz
Dienst im Deutschen Volkssturm
Dienst in der Feldgendarmerie
Dienst in den Heimatflakbatterien

Keine Entschädigung erhalten Personen, die im nationalsozialistischen Regime gegen die Menschlichkeit oder Rechts- staatlichkeit verstoßen und den Antrag nach dem 13. November 1997 gestellt haben.
Das Bundesversorgungsgesetz trat am 1. Oktober 1950 in Kraft und ersetzte das Kriegsbeschädigtenleistungsgesetz, in dem in Artikel 3 des Einigungsvertrages genannten Gebiet, also der DDR fand es vom 1. Januar 1991 an Anwendung.

9.2 Nebengesetze: Ausweitung der Versorgung auf andere Ursachen

Auf die Bestimmungen des Bundesversorgungsgesetzes beziehen sich unter anderem folgende Nebengesetze:

Soldatenversorgungsgesetz (für Bundeswehrsoldaten)
Zivildienstgesetz (für Zivildienstleistende)
Opferentschädigungsgesetz (für Opfer von Straftaten)
Häftlingshilfegesetz (für vormalige politische Häftlinge in der SBZ, in der DDR und in weiteren osteuropäischen
Gebieten)

Strafrechtliches Rehabilitierungsgesetz (für Opfer rechtsstaatswidriger Gerichtsentscheidungen in der DDR)

Verwaltungsrechtliches Rehabilitierungsgesetz (für Opfer rechtsstaatswidriger Verwaltungsentscheidungen in der DDR)

9.3. ANSPRUCH AUF UND UMFANG DER LEISTUNGEN
31

Infektionsschutzgesetz (für Impfschäden)

Menschen, die im Sinne dieser Gesetze eine Gesundheitsschädigung erlitten haben, erhalten dieselbe Versorgung wie
Kriegsopfer.
Seit dem Inkrafttreten ist das Bundesversorgungsgesetz mehrfach geändert worden. Die letzte größere Änderung erfolgte durch ein Gesetz vom 13. Dezember 2007, Bundesgesetzblatt Teil I 2007 Nr. 65 20. Dezember 2007 Seite
2904, dessen Regelungen überwiegend zum 21. Dezember 2007 in Kraft traten.

9.3 Anspruch auf und Umfang der Leistungen

Wer durch eine militärische oder militärähnliche Dienstverrichtung oder durch einen Unfall während der Ausübung des militärischen oder militärähnlichen Dienstes oder durch die diesem Dienst eigentümlichen Verhältnisse eine ge- sundheitliche Schädigung erlitten hat, erhält wegen der gesundheitlichen und wirtschaftlichen Folgen der Schädigung auf Antrag eine Versorgung. Die Versorgung umfasst Heilbehandlung, Versehrtenleibesübungen und Krankenbehandlung, Leistungen der Kriegsopferfürsorge, Beschädigtenrente und Pflegezulage, Bestattungsgeld und Sterbegeld, Hinterbliebenenrente sowie Bestattungsgeld beim Tod von Hinterbliebenen.

9.4 Organisation

Die Versorgung nach dem Bundesversorgungsgesetz und den Nebengesetzen ist durch den Gesetzgeber den Dienst- stellen der Kriegsopferversorgung übertragen worden. Dienststellen der Kriegsopferversorgung sind die Landes- versorgungsämter, Versorgungsämter, Orthopädische Versorgungsstellen und Versorgungskuranstalten. In Bayern zum Beispiel sind die Versorgungsämter in die Regionalstellen des Zentrum Bayern Familie und Soziales (ZBFS) und das Landesversorgungsamt in die Zentrale des ZBFS eingegliedert. In Nordrhein-Westfalen sind seit 2008 die Landschaftsverbände Rheinland bzw. Westfalen-Lippe zuständig.

9.5 Aufbau

Anspruch auf Versorgung (§§ 1 bis § 8b)
Umfang der Versorgung (§ 9)
Heilbehandlung, Versehrtenleibesübungen und Krankenbehandlung (§§ 10 bis § 24a)
Kriegsopferfürsorge (§§ 25 bis § 28)
Beschädigtenrente (§§ 29 bis § 34)
Pflegezulage (§ 35)
Bestattungsgeld (§ 36)
Sterbegeld (§ 37)
Hinterbliebenenrente (Witwen- bzw. Waisenrente) (§§ 38 bis 52)
Bestattungsgeld beim Tod von Hinterbliebenen (§§ 53 bis 53 a)
Zusammentreffen von Ansprüchen (§§ 54 bis 55)
Anpassung der Versorgungsbezüge (§§ 56 bis 59)
Beginn, Änderung und Aufhören der Versorgung (§§ 60 bis 63)
Besondere Vorschriften für Berechtigte außerhalb des Geltungsbereichs dieses Gesetzes (§§ 64 bis 64 f)
Ruhen des Anspruchs auf Versorgung (§ 65)

Zahlung (§§ 66 bis 70 a)
Versorgung bei Unterbringung (§§ 71 bis 71 a)
Übertragung kraft Gesetzes (§ 71 b)
Kapitalabfindung (§§ 72 bis 80 a)
Schadenersatz, Erstattung (§§ 81 bis 81 c)
Ausdehnung des Personenkreises (§ 82)
Ausschluss der Anrechnung von Versorgungsbezügen auf das Arbeitsentgelt (§ 83)
Übergangsvorschriften (§§ 84 bis 88)

Härteausgleich (§ 89)
Schlussvorschriften (§§ 90 bis 92)
Anhang EV Auszug aus EinigVtr Anlage I Kapitel
VIII Sachgebiet K Abschnitt III (BGBl. II 1990, 889,
1067)
– Maßgaben für das beigetretene Gebiet (Art. 3
EinigVtr)

9.6 Literatur

Reinhard Gelhausen: Soziales Entschädigungsrecht
eine Einführung ; mit Bundesversorgungsgesetz und
Op- ferentschädigungsgesetz u.a., 2., überarb. Aufl.,
Luchterhand, Neuwied [u.a.] 1998, ISBN 3-472-
02964-1.

Gerhard Wilke: Soziales Entschädigungsrecht :
Handkommentar zum Bundesversorgungsgesetz
und zu Vor- schriften aus dem Soldatenversorgungs-,
Opferentschädigungs- und Bundes-Seuchengesetz, 6.,
neubearb. Aufl., Boorberg, Stuttgart [u.a.] 1987,
ISBN 9783415012646.

9.7 Realityfilm.de

Das Bundesversorgungsgesetz bei juris.de
Versorgungsmedizin-Verordnung bei juris.de
Verordnung zur Durchführung des § 31 Abs. 4 des
Bundesversorgungsgesetzes bei juris.de

Bayerisches Staatsministerium für Arbeit und Sozialordnung, Familie und Frauen: Sozial-Fibel – Kriegsopfer- fürsorge

Sozialrecht in Deutschland

Sozialgesetzbuch Bücher I–XII: (I) Allgemeiner Teil | (II) Grundsicherung für Arbeitsuchende | (III) Arbeitsförde- rung | (IV) Gemeinsame Vorschriften | (V) Krankenversicherung | (VI) Rentenversicherung | (VII) Unfallversicherung | (VIII) Kinder- und Jugendhilfe | (IX) Rehabilitation und Teilhabe behinderter Menschen | (X) Sozialverwaltungs- verfahren und Sozialdatenschutz | (XI) Pflegeversicherung | (XII) Sozialhilfe Ausbildungsförderung | Reichsversicherungsordnung | Alterssicherung der Landwirte | Krankenversicherung der Land- wirte | Bundesversorgungsgesetz | Opferentschädigungsgesetz | Gesetz über das Verwaltungsverfahren der Kriegsop- ferversorgung | Bundeskindergeldgesetz | Wohngeldgesetz | Adoptionsvermittlungsgesetz | Unterhaltsvorschussgesetz | Bundeselterngeld- und Elternzeitgesetz | Altersteilzeitgesetz | Gesetz zur Vermeidung und Bewältigung von Schwan- gerschaftskonflikten

Kapitel 10

Behinderung (Sozialrecht)
Internationales Zeichen für eine Zugangsmöglichkeit
für behinderte Menschen (engl. International Symbol
of Access)

Der Begriff Behinderung wird im deutschen
Sozialrecht als Umschreibung für eine dauerhafte und
gravierende Beeinträchtigung der gesellschaftlichen
und wirtschaftlichen Teilhabe bzw. Teilnahme einer
Person gebraucht, ver- ursacht durch die
Wechselwirkung ungünstiger Umwelt-, sozialer oder
anderer Faktoren (Barrieren) und solcher
Eigenschaften der Betroffenen, welche die
Überwindung der Barrieren erschweren oder
unmöglich machen; Be-
hinderung wird also nicht als „Krankheit" betrachtet:
Behindernd wirken in der Umwelt des behinderten
Menschen
sowohl Alltagsgegenstände und Einrichtungen – oder
das Fehlen solcher Einrichtungen – (physikalische
Faktoren)
als auch die Einstellung anderer Menschen (soziale
Faktoren). Gegenständliche Barrieren erhalten ihre
behindernde
Eigenschaft oft durch mangelnde Verbreitung von
universellem Design, welches nicht nur Bedürfnisse
zahlenmäßig
großer oder sonstwie einflussreicher
Bevölkerungsgruppen berücksichtigt.[1] [2]
Das Partizip behindert, von dem die
Personenbezeichnung Behinderte abgeleitet ist, kann

also abhängig vom Blickwinkel bzw. Standpunkt benutzt werden:

als Vorgangspassiv (jemand wird behindert) aus Sicht der Gesellschaft („Soziales Modell von Behinderung"),
als Zustandspassiv (jemand ist behindert) aus medizinischer Sicht („Medizinisches Modell von Behinderung").

10.1 Länderübergreifender Überblick

10.1.1 Kategorien und Ursachen

Der Wiener Universitätsprofessor Gottfried Biewer sieht in einem Lehrbuch fünf unterschiedliche Systematiken der Kategorisierung und Klassifizierung, die zu Differenzen beim begrifflichen Verständnis von Behinderung führen. So gäbe es medizinische Klassifikationen (ICD, DSM-5), pädagogische Behinderungsbegriffe, sonderpädagogische Kategorien, die Einteilung der OECD (disability, learning difficulties und disadvantages) und das bio-psychosoziale Modell (ICF) der WHO[3] . Aktuell am gebräuchlichsten seien sonderpädagogische Zuschreibungen, bei denen För- derbedarfe bestimmten Entwicklungsbereichen zugeordnet werden (Sehen, Hören, geistige Entwicklung etc.). Das im Bildungsbereich verwendete Modell der OECD unterscheide zwischen Behinderungen mit organischen Ursachen (Kategorie A), Lernstörungen (Kategorie B) und

Benachteiligungen aufgrund sprachlicher, sozialer und kultureller Gegebenheiten (Kategorie C). Im Unterschied zu diesen Kategorisierungssystemen stelle die ICF der WHO in erster Linie eine gemeinsame Sprache zur Beschreibung von Phänomenen dar.

Behinderung tritt nur im Zusammenspiel mehrerer ursächlicher Faktoren auf. Typische individuell-beeinträchtigende Merkmale eines Menschen („Schädigung" oder „Beeinträchtigung") sind fehlende oder veränderte Körperstrukturen sowie chronische körperliche und psychische Krankheiten. In Verbindung damit können Umweltfaktoren als phy- sikalische Barrieren, zum Beispiel in Form von Bordsteinen, Engstellen, Treppen, nicht barrierefreie Internetseiten oder eine naturbelassene Umwelt zu einer Behinderung eines Menschen führen. Ebenso „behindernd" sind gesell- schaftliche Barrieren etwa in Ausbildung, Arbeitswelt, Freizeit und Kommunikation, wenn sie zum Ausschluss von Menschen mit abweichenden Merkmalen führen.

Zur Frage, ob bzw. inwieweit die oben genannten Faktoren als „diskriminierend" bewertet werden bzw. bewertet werden müssten oder dürften, siehe Behindertenfeindlichkeit.

Definitionen von Behinderung, die nur auf eine einzige Ursache abzielen, gelten als überholt. Grundsätzlich lassen sich Behinderungszusammenhänge grob in folgende Bereiche kategorisieren:

körperliche Behinderung

Sinnesbehinderung (Blindheit, Gehörlosigkeit, Schwerhörigkeit, Taubblindheit, Geruchlosigkeit)
Sprachbehinderung
psychische (seelische) Behinderung
Lernbehinderung
geistige Behinderung

Hinsichtlich der personenseitigen Ursachen lässt sich unterscheiden zwischen:

erworbenen Behinderungen

- durch perinatale (während der Geburt) entstandene Schäden
- durch Krankheiten
- durch körperliche Schädigungen, zum Beispiel Gewalteinwirkung, Unfall, Kriegsverletzung
- durch Alterungsprozesse

angeborenen Behinderungen

- durch Vererbung bzw. chromosomal bedingt
- durch pränatale (vor der Geburt entstandene) Schädigungen.

Behinderungen können auch als Kombination aus mehreren Ursachen und Folgen auftreten (Mehrfachbehinderung, Schwerste Behinderung), oder weitere Behinderungen zur Folge haben, z. B.

Kommunikationsbehinderung als Folge einer Hörbehinderung.

Einige Behinderungen werden gesellschaftlich überhaupt nicht als solche wahrgenommen, sondern gelten als Aus- druck mangelnder Selbstbeherrschung und Erziehung des Betroffenen. Dies gilt etwa für die ständigen Blähungen von Menschen, die nach einer Darmkrebsoperation die Bauhin-Klappe verloren haben oder die von CED betrof- fen sind. In einer vergleichbaren Situation befinden sich etwa die Betroffenen der Krankheit Morbus Tourette. Bei Behinderungen dieser Art sind soziale Behinderung und diskriminierende Ausgrenzung der Betroffenen besonders gravierend.

10.1.2 Definitionsversuche

„Die UN-BRK (UN-Konvention über die Rechte von Menschen mit Behinderungen) enthält keine genaue, abschließende Definition des Begriffs Behinderung, sondern legt vielmehr nur ein Verständnis von "Behinderung" dar und konkretisiert damit den persönlichen Anwendungsbereich der Konventi- on. Gemäß Artikel 1 Absatz 1 bezieht die UN-BRK alle Menschen ein, die langfristige körperliche, seelische, geistige oder Sinnesbeeinträchtigungen haben, die sie in Wechselwirkung mit verschiedenen (einstellungs- und umweltbedingten) Barrieren am vollen und gleichberechtigten Gebrauch ihrer funda- mentalen Rechte hindern. Die BRK orientiert sich demgemäß am sozialen Verständnis von Behinde- rung."

79

– Eibe Riedel: Gutachten zur Wirkung der internationalen Konvention über die Rechte von Menschen mit Behinderung und ihres Fakultativprotokolls auf das deutsche Schulsystem, Erstattet der Landesarbeitsgemeinschaft „Gemeinsam Leben" Nordrhein-Westfalen. Zusammenfassung der wichtigsten Ergebnisse, Fragenkomplex I: Allgemeine Fragen ("Individualschutz"), 1) Anwendungsbereich der UN-Behindertenrechtskonvention (UN-BRK), a) Verständnis von Behinderung.[4]

Historische Definitionen

Während der Zeit des Nationalsozialismus wurden schwer behinderte Menschen als „lebensunwertes Leben" bzw. als „Ballastexistenzen" bewertet. Bereits 1920 hatten der Psychiater Alfred Hoche und der Jurist Karl Binding diese Begriffe in ihrer gemeinsamen Broschüre Die Freigabe der Vernichtung lebensunwerten Lebens geprägt und gefordert, die Gesellschaft müsse von „geistig Toten" befreit werden.[5] Derartige Gedankengänge wurden von den National- sozialisten nach deren Machtübernahme in die Praxis umgesetzt, indem sie behinderte Menschen sterilisierten und töteten. Aktion T4 ist eine gebräuchliche Bezeichnung für die systematische Ermordung von mehr als 70.000 Menschen durch SS-Ärzte und -Pflegekräfte.

Noch 1958 orientierte sich das Innenministerium der Bundesrepublik Deutschland ausschließlich an der Defizittheorie der Behinderung, der zufolge Behinderung eine persönliche Eigenschaft einzelner Menschen sei: „Als behindert gilt ein Mensch, der entweder aufgrund angeborener Missbildung bzw. Beschädigung oder durch Verletzung oder Krankheit [...] eine angemessene Tätigkeit nicht ausüben kann. Er ist mehr oder minder leistungsgestört (lebensuntüchtig)." [6]

Die Kategorie der „Lebensuntüchtigkeit" stellt lediglich eine Abmilderung der nationalsozialistischen Kategorie des „lebensunwerten Lebens", aber keine vollständige Abwendung von ihr dar.

Aktuelle sozialrechtliche Definition in Deutschland

Im bundesdeutschen Recht wird die Behinderung im Sozialgesetzbuch IX (dort: § 2 Abs. 1), so definiert: Menschen sind behindert, wenn ihre körperliche Funktion, geistige Fähigkeit oder seelische Gesundheit mit hoher Wahrscheinlich- keit länger als sechs Monate von dem für das Lebensalter typischen Zustand abweichen und daher ihre Teilhabe am Leben in der Gesellschaft beeinträchtigt ist. Sie sind von Behinderung bedroht, wenn die Beeinträchtigung zu erwarten ist.

Um als Mensch mit Behinderung anerkannt zu werden und einen entsprechenden Ausweis zu erhalten, ist ein Antrag beim zuständigen Versorgungsamt erforderlich (§ 69 SGB IX); alles

Weitere hierzu siehe unter Schwerbehindertenrecht (Deutschland).

Abgrenzung zu anderen Formen der „Minderleistung" Nicht jede Form des Kompetenzdefizits, die zu Ein- schränkungen der sozialen Teilhabe führt, wird im deutschen Sozialrecht als „Behinderung" bewertet. Das trifft bei- spielsweise auf den Analphabetismus zu, wenn dieser nicht durch eine anerkannte andere Behinderung oder durch Krankheit verursacht ist. Das Landessozialgericht Berlin hat 2004 festgestellt:

„1. Die Fallgruppen, in denen vom BSG bisher die erhebliche Gefahr einer Verschlossenheit des Ar- beitsmarktes angenommen wurde, können nicht auf vollschichtig leistungsfähige ungelernte Versicherte erweitert werden, denen der Zugang zum allgemeinen Arbeitsmarkt wegen Analphabetismus erschwert ist.

2. Analphabetismus, der nicht auf einer Krankheit oder Behinderung beruht, ist keine ungewöhnliche Leistungseinschränkung im Sinne der BSG Rechtsprechung, die bei einem ungelernten Versicherten mit vollschichtigem Leistungsvermögen für körperlich leichte Arbeiten, die Verpflichtung zur Benennung einer konkreten Verweisungstätigkeit auslöst

1980 entwickelte die WHO mit der International Classification of Impairments, Disabilities and Handicaps (engl., dt. etwa internationale Einteilung der Ungleichheiten, Unfähigkeiten und

82

Einschränkungen, ICIDH) ein Einteilungssche- ma für Krankheiten und Behinderungen. 1999 wurde dieses Schema in der ICIDH-2 (International Classification of Impairments, Activities and Participation: A Manual of Dimensions and Functioning, dt. etwa internationale Einteilung von Ungleichheiten, Aktivitäten und Teilnahme: Ein Handbuch über Umfang und Geschehen) verändert und erwei- tert. Hierin sind nicht mehr die Defizite einer Person maßgeblich, sondern die für die betreffende Person relevanten Fähigkeiten und die soziale Teilnahme.

(nach Barbara Fornefeld, 2002)

Beispielhaft für eine erweiterte Begriffsdefinition unter Einbeziehung der Umgebung ist die Formulierung Alfred Sanders: Behinderung liegt vor, wenn ein Mensch mit einer Schädigung oder Leistungsminderung ungenügend in sein vielschichtiges Mensch-Umfeld-System integriert ist.[8] Er führt Behinderung also nicht nur auf eine Schädigung oder Leistungsminderung eines einzelnen Menschen zurück, sondern auch auf die Unfähigkeit des Umfelds des betreffen- den Menschen, diesen zu integrieren.

Schwierigkeiten der Definition

Diese Definition stößt teilweise an kulturelle Grenzen. Als ein Beispiel wäre die Gehörlosigkeit zu nennen. Diese wird von hörenden Menschen meist als Behinderung gesehen und viele Gehörlose würden sich dieser Definition wahrscheinlich anschließen. Einige Gehörlose jedoch sind der Meinung, dass die Gehörlosen nicht behindert seien, sondern vielmehr als Mitglieder einer eigenen Kultur zu sehen seien, die über eigene Riten und Rituale verfüge. Der Versuch Gehörlose hörend zu machen oder Kinder mit Cochleaimplantaten auszustatten sei als Audismus anzusehen und gleiche einem Ethnozid. Gehörlosigkeit sei in der Kultur der Gehörlosen nicht als Makel zu sehen. Vielmehr sei hörend zu sein in dieser Kultur von Nachteil, da etwa ein hörendes Kind eventuell niemals vollkommen die Gebär- densprache seiner Eltern erlerne (Lese dazu: : Gehörlosenkultur#Deafhood oder Taubsein).[9] [10] [11]

Die Befürworter von Autistic Pride kritisieren die Pathologisierung von Autismus ebenso wie die besonders unter Medizinern verbreitete Vorstellung, dass alle menschlichen Gehirne identisch sein sollten. Sie argumentieren, dass die Hypothese einer solchen idealen und damit erstrebenswerten Gehirnstruktur viele Mediziner zu der Annahme führt, dass jegliche Abweichung eine „Heilung" benötige, um Konformität mit einer imaginären „neurologisch typischen"

Norm zu erreichen (Lese dazu: : Autistic Pride Day).

Begriffsdiskussion im deutschsprachigen Raum

2013 ersetzte ein „Teilhabebericht" der Bundesregierung[12] die früher mit „Behindertenbericht" (z. B. 2009[13]) be- titelte Bilanz über die Lebenslagen von Menschen mit Beeinträchtigungen in Deutschland. Er befürwortet

84

eine Abkehr von der Sichtweise, die Behinderung als persönliches Defizit interpretiert. „Behinderung hingegen entsteht durch Be- nachteiligung. Untersucht werden Lebenslagen von Menschen, die beeinträchtigt sind und Behinderungen durch ihre Umwelt erfahren."[14]

„Der Kern des Problems mit dem Begriff Behinderung ... liegt in der Unterscheidung von Menschen mit und ohne und damit in der Konstruktion von zwei unterschiedlichen Gruppen, von denen die eine als normal definiert ist und die andere als nicht normal."

– mittendrin e.V. (Hrsg.): Eine Schule für Alle – Inklusion umsetzen in der Sekundarstufe, Verlag an der Ruhr 2012, ISBN 978-3-8346-0891-8, S. 11: Wer will denn schon normal sein? – Zum Begriff der Behinderung

„Niemals würde ein Mathematiklehrer einen Tierpfleger wegen seiner wahrscheinlich nicht über- mäßig vorhandenen Mathekenntnisse als behindert bezeichnen, eine Reinigungskraft bezeichnet einen Bauingenieur wegen wahrscheinlich fehlender Reinigungspraktiken nicht als behindert, und ein Dach- decker betitelt einen Gärtner nicht als behindert, weil er am Boden arbeitet. Diese Reihe an Beispielen ließe sich unbegrenzt fortsetzen. Betrachten wir die Sichtweise (behinderter Mensch – nicht behinderter Mensch) doch einfach mal aus der umgekehrten Perspektive. Ich kenne keinen contergangeschädigten Menschen, der alle anderen, die nicht z. B. mit den Füßen schreiben oder essen können, als behindert bezeichnet. Oder halten alle im Rollstuhl sitzenden Menschen die Läufer für behindert, weil sie nicht mit dem Rollstuhl umgehen könne?"

– Sofia Plich: In: Zeitschrift Mondkalb, 1/2007, S. 7. In:[15]

Es sind prinzipiell zwei Arten der Kritik an der Praxis zu unterscheiden, Menschen als „Behinderte" zu bezeichnen

1. Die auf die Semantik bezogene Kritik hebt darauf ab zu betonen, dass „Behinderung" ein Konstrukt sei, das Beeinträchtigungen der verschiedensten Art in einem Sammelbegriff vereinige. Was Behinderung sei, müsse nominalistisch definiert werden.[16] Letztlich hafte der Unterscheidung zwischen behinderten und nicht be- hinderten Menschen immer ein Element der Willkür an (vgl. den vor Gericht ausgetragenen Streit um die Frage, ob Analphabetismus eine Form der Behinderung sei). Auf keinen Fall sei der behinderte Mensch (wie es die Zweiteilung zwischen „Behinderten" und „Nicht-Behinderten" suggeriert) „ganz anders" als die nicht behinderten Menschen.

2. Die auf die Pragmatik bezogene Kritik bestreitet nicht, dass bestimmte Menschen auf bestimmte Weise be- einträchtigt seien, hält aber die Art und Weise, wie dieser Umstand thematisiert wird, für

unangemessen. Die Verwendung von Kategorien wie „Behinderte" diene im Sprachgebrauch zwar dazu, die Referenz zu verein- fachen (d. h. klar zu vermitteln, was gemeint ist), jedoch können sich Merkmale, die bezeichnet werden, zum Stigma verfestigen, wenn sich in dem Begriff Vorurteile spiegeln. Allerdings macht dieser Auffassung zufolge nicht der Begriff selbst, sondern der Sprechakt eine Äußerung aufgrund ihrer Kontextabhängigkeit zur Diskriminierung.[17] Im Sinne der pragmatischen Kritik stellte bereits Erasmus von Rotterdam die These auf, es sei „nicht menschlich, [...] einen Einäugigen einäugig, einen Hinkenden hinkend und einen Schielenden schielend zu nennen."[18]

Anderes Sprechen als Ausdruck von Wertschätzung
Stefan Göthling, Geschäftsführer von „Mensch zuerst" in
Deutschland (Vermutlich ist diese Äußerung im Sinne der semantischen Kritik zu verstehen), fordert:

„Ich möchte nicht als „geistig Behinderter" bezeichnet werden. Das verletzt mich. Dazu hat kein Mensch das Recht. Bitte unterstützen Sie uns weiterhin dabei, gegen dieses Unrecht zu kämpfen. Ich bitte Sie: Erzählen Sie auch anderen Menschen von unserer Unterschriften-Liste. Damit der Begriff geistig behindert endlich abgeschafft wird."

– Stefan Göthling: Mensch zuerst – Netzwerk People First Deutschland e.V.: 1000 Unterschriften gegen den Begriff

„geistige Behinderung". In: people1.de, 19. Juni 2008

Als Reaktion auf die pragmatische Kritik gibt es Bemühungen, Ersatzformulierungen für den Begriff Behinderung zu finden, die nicht diskriminierend und stigmatisierend wirken. Alte Begriffe im Wortfeld „Behinderung" werden wegen eines Mangels an Passgenauigkeit und ihres Diskriminierungspotenzials in Frage gestellt und sollen durch Bezeichnungen ersetzt werden, die zeitgemäßer sein sollen. Die betreffenden Sprachreformer fordern, mit Sprache reflektierter und bewusster umzugehen, um hierdurch zu Veränderungen im Bewusstsein der Adressaten ihrer Aus- führungen beizutragen.

Besonders bekämpft werden abwertend gemeinte Bezeichnungen, z. B. Invalide (wörtlich aus dem Lateinischen über- setzt: „der Ungültige"), bzw. Schimpfwörter wie Krüppel oder Missgeburt oder die spanische Bezeichnung minusvál- idos („Minderwertige") für Menschen mit Behinderung. Auch der im süddeutschen und österreichischen Sprachge- brauch übliche Ausdruck „bresthaft" für behindert wird heute als diskriminierend abgelehnt. Von den zumeist selbst betroffenen Vertretern der Krüppelbewegung wurde der Begriff „Behinderter" dagegen bewusst durch den alten, ei- gentlich verpönten Ausdruck „Krüppel" ersetzt. Im Sinne eines Geusenwortes nahmen sie damit einen allgemein als abwertend empfundenen Ausdruck positiv-provozierend für sich in Anspruch.
Vom österreichischen Bundesministerium für soziale Sicherheit, Generationen und Konsumentenschutz

wurde ein Buch herausgebracht, welches einen emanzipatorischen Sprachgebrauch nahelegt. Es finden sich folgende Beispiele

„behindertengerecht" : besser „barrierefrei"
(Barrierefreiheit ist für alle Menschen wichtig.)

„taubstumm" : besser „gehörlos"

(Gehörlos geborene Menschen können sprechen und verstehen sich als Angehörige einer Sprachminderheit.)

„Liliputaner" : besser „Kleinwüchsige"
(Kleinwüchsige Menschen sind keine Angehörigen eines exotischen, dazu noch fiktiven Volkes)

„Pflegefall" : besser „Pflegebedürftige Person"
(Ein Mensch ist kein „Fall".)

„An den Rollstuhl gefesselt sein" : besser „Einen Rollstuhl benutzen"
(Ein Rollstuhl bedeutet keine Immobilität.)

Die von den österreichischen Behörden vorgeschlagenen Alternativen: „behinderter Mensch" statt „Behinderter" und
„Down-Syndrom" statt „Mongolismus" werden ihrerseits wiederum kritisiert: Nur durch den Begriff „Mensch mit Behinderung" würden die Betreffenden nicht auf ihre Behinderung reduziert, und die Bezeichnung „Trisomie 21" sei

besser als der Begriff „Down-Syndrom", weil der Begriff „Syndrom" zu stark auf „Krankheit" verweise. Allerdings
sei er immer noch der Unterstellung vorzuziehen, die Betreffenden hätten sich angeblich in Mongolischstämmige,
womöglich noch in einen „primitiven Rassetypen" verwandelt, die in dem Begriff „Mongolismus" mitschwinge.
Im deutschsprachigen Raum findet zudem das Projekt "Leidmedien.de" Beachtung in der überregionalen Presse, das vor allem Journalisten Handreichungen für die Berichterstattung über Menschen mit Behinderungen bieten möchte. Im Vordergrund steht hierbei die Vermeidung auch unbeabsichtigter Klischees, die beim Rezipienten „Opfer"- oder „Helden-Bilder" entstehen lassen können.
Bislang nicht durchgesetzt hat sich der Begriff kognitive Behinderung an Stelle der geistigen Behinderung, da hierbei nur ein Wortteil vom Deutschen in eingedeutschtes Latein übersetzt wird.

Begrifflichkeiten im Englischen sind je nach amerikanischer oder britischer Definition unterschiedlich. Im Ame- rikanischen hat sich zunächst „people with disabilities" durchgesetzt. Alternativ benutzen manche Menschen den Ausdruck „people with special needs" („Personen mit besonderen Bedürfnissen"). Ähnliche Begriffsschöpfungen gibt es auch im deutschsprachigen Raum, zum Beispiel im Ausdruck

„besondere Kinder". Im Britischen ist der Begriff „disabled people" gang und gäbe.

Anderes Sprechen als Ausdruck eines anderen Denkens und einer anderen Praxis   Der angestrebte Sprach- wandel soll nicht nur dazu dienen, respektvoll über Menschen mit Behinderungen zu sprechen. Neue Begriffe sollen auch die Funktion haben, andere Denkweisen und andere Verhältnisse zu bezeichnen, die es anzustreben gelte.

So werde traditionell zwischen Menschen mit geistiger Behinderung bzw. kognitiver Beeinträchtigung und Menschen mit einer Lernbehinderung unterschieden, die entsprechend verschiedene Schultypen besuchen bzw. besucht haben. Durch den Begriff „Menschen mit Lernschwierigkeiten" werde, so die Befürworter der Verwendung dieses Begriffs, der „Tatsache" Rechnung getragen, dass eine saubere Trennung beider Gruppen nicht möglich sei.[23]
Auch soll das Ideal der Inklusion (der Begriff stammt ursprünglich aus der Mathematik) nach dem Wunsch sei- ner Anhänger das weniger anspruchsvolle Ideal der Integration behinderter Menschen ablösen, weil das Bemühen um Inklusion der Gesellschaft eine höhere Verantwortung für die Einbeziehung betroffener Menschen mit all ihren Eigenarten zuweise, statt eine Anpassung zu verlangen bzw. von vornherein Leistungserwartungen zu reduzieren.
Lese dazu: : Disability Mainstreaming

Kritik am angestrebten Sprachwandel   Versuche einer rein sprachlichen Regelung stoßen auch auf Kritik:

Ulla Fix vom Institut für Germanistik an der Universität Leipzig kann die Anweisung von Vorgesetzten in einem

Pflegeheim nicht nachvollziehen, dass die behinderten Bewohner des Heims nicht „behinderte Menschen", sondern

„Menschen mit Behinderung"   genannt werden müssten. Ihr erschließe sich der linguistische Unterschied zwischen beiden Formulierungen nicht.

Die Wortneuschöpfungen unterlägen auf Dauer einer Bedeutungsverschlechterung   (Euphemismus-Tretmühle). Der Ausdruck   „Behinderung" selbst etwa war ursprünglich ein bewusst wertneutral gewählter Begriff, der ältere, sehr stark negativ konnotierte Begriffe wie   „Idiot" für geistig Behinderte bzw. „Krüppel" für Körperbehinderte ersetzen sollte. Der Begriff erlangt seine abwertende Bedeutung durch einen abwertenden Gebrauch (z. B. als Schimpfwort:

„Du bist wohl behindert!", „Ich bin doch nicht behindert!"). Es ist deshalb gleichgültig, wie eine Gruppe bezeichnet wird. Ihr negatives Image wird auf den Begriff übertragen und nicht umgekehrt.

Auch störten an den Wortneuschöpfungen ihre Länge und ihr als euphemistisch interpretierbarer Charakter. So be- zeichne „Behinderung" den unschönen Sachverhalt, dass eine bestimmte Fähigkeit bei einem bestimmten Menschen fehle,

„besondere" oder „andere Befähigung" kann jedoch so aufgefasst werden, dass bei dem betreffenden Menschen zusätzliche Fähigkeiten vorhanden seien, die die meisten Menschen nicht hätten. Schließlich löse eine neue Bezeichnung nicht das Problem, dass viele die mit der Diagnose Behinderung einher- gehenden Defizitzuschreibungen nicht akzeptieren. Eine Änderung des Wortes für die Diagnose ändere an diesem Sachverhalt nichts.

Problematisch ist Fix' Ansicht dahingehend, dass bei einer gleichgültigen Verwendung von Sprache jegliche Macht- strukturen und auch jeglicher Bedeutungswandel von Begrifflichkeiten unbetrachtet bleiben. So würde der Argumen- tation nach auch die Verwendung diskriminierender Fremdbezeichnungen wie „Nigger", „Schwuchtel" o. ä. lediglich ein „negatives Image" der bezeichneten Gruppe bezeichnen. Zudem räumt sie ein, dass die Suche nach einem Ersatz- wort für „Behinderte" (anstatt „behinderte Menschen") „eher berechtigt" sei.

10.2 Internationale Aktivitäten

10.2.1 Salamanca-Erklärung

Die Salamanca-Erklärung mit der Nennung der Inklusion als wichtigstes Ziel der internationalen Bildungspolitik und in der Folge ein erster internationaler Rahmen für deren Umsetzung war das Hauptergebnis der UNESCO-Konferenz Pädagogik für besondere Bedürfnisse: Zugang und Qualität, welche vom 7. bis zum 10. Juni 1994 in Salamanca (ESP) stattfand:

„Das Leitprinzip, das diesem Rahmen zugrunde liegt, besagt, dass Schulen alle Kinder, unabhän- gig von ihren physischen, intellektuellen, sozialen, emotionalen, sprachlichen oder anderen Fähigkeiten aufnehmen sollen. Das soll behinderte und begabte Kinder einschließen, Kinder von entlegenen oder nomadischen Völkern, von sprachlichen, kulturellen oder ethnischen Minoritäten sowie Kinder von anders benachteiligten Randgruppen oder -gebieten."

Ein Prozess, der in Deutschland relativ unbeachtet blieb, war die Entstehung der „Umfassenden und Integrativen Konvention zum Schutz und der Förderung der Rechte und Würde von Menschen mit Behinderung der Vereinten Nationen". Seit 2002 fanden alljährlich zwei so genannte Ad-hoc-Treffen statt, auf denen nationale Vertreter, internationale Behindertenverbände und Nicht-Regierungs-Organisationen (NGO) die Inhalte dieser Konvention in New York verhandelten; ihr Ergebnis war das:

10.2.2 Übereinkommen über die Rechte von Menschen mit Behinderungen

Am 13. Dezember 2006 beschlossen die Vereinten Nationen die UN-Konvention über die Rechte von Menschen mit Behinderungen – den ersten

Menschenrechtsvertrag des 21. Jahrhunderts – zum Schutz und zur Stärkung der Rechte und Möglichkeiten der weltweit auf 650 Millionen geschätzten Zahl von Menschen mit Behinderung.[28] [29] Die Län- der, welche die Konvention unterzeichnen, verpflichten sich, diese in nationales Recht umzusetzen und bestehende Gesetze anzupassen. Im Übereinkommen werden unter anderem

gleiche Rechte in Bildung, Arbeitswelt, kulturellem Leben,
das Recht an eigenem und ererbtem Besitz,
das Verbot der Diskriminierung in der Ehe,
das Recht auf Kinder in Verbindung mit dem Verbot einer Sterilisation aufgrund einer Behinderung,
das Verbot von Experimenten an Menschen mit Behinderung sowie

Barrierefreiheit in einem umfassenden Sinn gefordert. Dazu gehört auch die Berücksichtigung der Entstehung neuartiger Barrieren durch den Fortschritt in Wissenschaft und Technik.[30]

Österreich und Deutschland unterzeichneten das Übereinkommen und das Zusatzprotokoll am 30. März 2007.[31] In Österreich wurde das Übereinkommen am 26. Oktober 2008 ratifiziert. Seit 26. März 2009 ist die UN-Konvention über die Rechte von Menschen mit Behinderungen und ihr Fakultativprotokoll nun auch für Deutschland verbindlich.

Deutschland, Liechtenstein, Österreich und die Schweiz hatten dabei fast ohne die Beteiligung von Betroffenen und deren Verbänden eine deutsche Übersetzung der Konvention abgestimmt. Alle Bemühungen entsprechender Organi- sationen in diesen Staaten zur Beseitigung von erkannten groben Fehlern scheiterten. So wurde z. B. der im Original der Konvention verwendete englische Begriff Inclusion irreführend mit Integration übersetzt.

Dies führte zur Erstellung einer so genannten Schattenübersetzung. Unter dem Aspekt, dass entsprechende Wort- wahl zur Bewusstseinsbildung beiträgt, wurde eine deutschsprachige Fassung bereitgestellt, die der Originalfassung näher kommt als die offizielle deutsche Übersetzung. Die gemäß der Konvention in allen Phasen der Umsetzung und Überwachung einzubeziehenden Betroffenen mit ihren Organisationen waren an der Erstellung dieser Fassung beteiligt.

10.2.3   1. WHO-Weltbericht zur Behinderung – World report on disability

Im Juni 2011 veröffentlichte die Weltgesundheitsorganisation WHO den 1. weltumfassenden Bericht zur Behinde- rung.[33] Eine seiner zentralen Forderungen ist es, Inklusion vor allem im Bereich der Bildung in nachhaltige Konzepte einzubetten.[34]

„Bildung sei auch der Schlüssel zum ersten Arbeitsmarkt, so der Bericht weiter, der für Menschen mit Behinderung durch Vorurteile und

Ignoranz, mangelnde Bereitstellung von Dienstleistungen sowie berufliche Aus- und Weiterbildungsmöglichkeiten jedoch weitgehend verschlossen bliebe."

– aktion-mensch.de, Pressemitteilung, 10. Juni 2011, Inklusion: Der WHO-Bericht hat enorme politische Sprengkraft
(10. Juni 2011)

Nach wie vor blieben die Betroffenen bei den sie selbst betreffenden Entscheidungsprozessen außen vor. Dabei sei Behinderung
„nicht nur eine medizinische, sondern vor allem eine komplexe sozialpolitische Erscheinung."

– wie vor

Vielfach sei Behinderung

„sowohl die Ursache als auch die Konsequenz von Armut."

– wie vor

Menschen mit Behinderung seien weltweit schlechteren gesundheitlichen und sozioökonomischen Bedingungen aus- gesetzt. Frauen, Senioren und Menschen in ärmeren Haushalten seien überproportional betroffen. Somit sei Behin- derung nicht – wie vielfach angenommen

– ein Randgruppen-Phänomen. Zahlen und der Bericht machten deutlich, dass Behinderung in unserer älter werdenden Gesellschaft alle angehe, so die Aktion Mensch. Dies erfordere mehr Engagement von jedem Einzelnen. Engagement, von dem dann auch zukünftige Generationen profitieren könnten.

Die WHO verabschiedete im Mai 2001 das Recht auf selbstbestimmtes Leben für Schwerbehinderte. Dieses Recht ist vor der UN einklagbar. Es fand in der europäischen und deutschen Gesetzgebung nach der Ratifizierung (2008) im Jahr 2009 Eingang in das deutsche Sozialgesetzbuch SGB. Im IHP3-Handbuch zur individuellen Hilfeplanung des Landschaftsverbandes Rheinland wurde ein trägerübergreifendes persönliches Budget für Schwerbehinderte definiert. Das IHP3 basiert auf den Richtlinien des aktualisierten SGB aus dem Jahr 2009.

10.2.4 Europäischer Protesttag zur Gleichstellung von Menschen mit Behinderung

Der 5. Mai eines Jahres wurde auf Initiative von Disabled Peoples International erstmals 1992 zum Europaweiten Protesttag zur Gleichstellung behinderter Menschen erklärt. Seitdem wird europaweit an diesem Tag mit Demonstra- tionen und anderen Aktionen, mit Fachveranstaltungen usw. gegen Diskriminierung und Benachteiligung und für die Gleichstellung von Menschen mit Behinderungen in allen Lebensbereichen mobilisiert.[35] Er steht jedes Jahr unter einem anderen Schwerpunkt:

2012: Inklusion – Dabei sein! Von Anfang an![36]
2011: Inklusion beginnt im Kopf![37]

10.3 Länderspezifische Situation

10.3.1 Deutschland
Anzahl der Menschen mit Behinderung

Nach Angaben des statistischen Bundesamtes lebten 2007 (Stand 31. Dezember) in Deutschland 6.918.172 Menschen mit Schwerbehindertenstatus. Ein hoher Anteil von ihnen (54,29 %) sind ältere Menschen über 65 Jahre. 20,39 % umfassen die Altersgruppen von 55 bis unter 65 Jahre, 21,31 % von 25 bis unter 55 Jahre. Die restlichen 4 % sind unter 25 Jahre alt. 64,3 % der Behinderungen werden von dieser Statistik als „körperliche Behinderung" und 9,9 % als „geistig-seelische" Behinderung eingeordnet. 82,3 % der Behinderungsursachen seien durch Krankheit, 2,2 % durch Unfälle erworben. Von den nicht volljährigen Personen in Deutschland sind in jedem Altersjahrgang etwa 9.000 Personen schwerbehindert: Insgesamt 160.154, davon 49.470 durch angeborene Behinderung, 715 durch Unfall, 92.645 durch Krankheit, 17.315 durch andere Ursachen.[38] Zum Jahresende 2009 wurden insgesamt 7,1 Millionen schwerbehinderte Menschen in Deutschland statistisch erfasst;

das waren etwa 184.000 oder 2,7 % mehr als zwei Jahre zuvor. Der Anteil an der Gesamtbevölkerung betrug 8,7 %.

52 % der Schwerbehinderten waren Männer. Drei Viertel waren ältere Menschen ab 55 Jahren. Die übrigen Werte

hatten sich gegenüber der letzten Erhebung 2007 nicht wesentlich verändert.[39]

Bei den 25–35-Jährigen ist jeder 48. schwerbehindert. Die Wahrscheinlichkeit schwerbehindert zu sein steigt mit dem Alter an, sie liegt im Alter von 60 bis 75 Jahren bei 15 bis 20 %, im Alter von 80 Jahren liegt sie bei 30 %.[38]

Statistische Mängel Die erwähnten Statistiken erfassen nur Personen, die den rechtlichen Status eines Schwerbe- hinderten (Grad der Behinderung mindestens 50) und den damit verbundenen Schwerbehindertenausweis nach den Kriterien der AHP und sonstigen gesetzlichen Regelungen auf Antrag erhalten haben, nicht jedoch alle, die ihn be- antragen könnten. Weil es keine „Meldepflicht" für diese berechtigten Personen gibt, lässt sich die tatsächliche Zahl der behinderten Menschen im oben genannten Sinn nur schätzen, wobei häufig die Zahl von 10 % der Gesamtbe- völkerung genannt wird. Nationale und internationale Schätzungen unterscheiden sich erheblich, da eine einheitliche und international verbindliche Definition von „Behinderung" nicht existiert.

Situation der Familien

Die Datenlage zur Situation von Familien mit behinderten Kindern ist – zumindest in Deutschland – relativ dünn. Eine solche Untersuchung wurde in 16 Modellregionen – eine je Bundesland – bei insgesamt knapp 1000 Familien durchgeführt, in denen ein behindertes Kind lebt:[40]
Bei den befragten Familien

gab es überdurchschnittlich viele allein erziehende Frauen;
lag die Zahl der Kinder im Durchschnitt deutlich höher als im Bundesdurchschnitt;

stellte die Betreuung und Förderung des behinderten Kindes einen sehr großen Anteil der zu leistenden Familienarbeit dar, denn es benötigte pro Tag im Durchschnitt viele Stunden mehr Hilfe als ein nicht behindertes Kind gleichen Alters.

war die Aufgabenverteilung nach wie vor geschlechtsspezifisch: zumeist übernehmen die Mütter den Großteil der anfallenden Familienaufgaben;

waren die Mütter weniger häufig erwerbstätig als im Durchschnitt;

war die Mehrheit der Mütter mit ihrer zeitlichen Situation überwiegend zufrieden, ein kleinerer Teil voll und ganz zufrieden;

äußerte sich die Mehrzahl der Mütter mit dem Umfang ihres Zeiteinsatzes für die Betreuung der anderen Kinder zufrieden;

äußerten die Mütter auf Nachfrage aber den Wunsch nach mehr Arbeitsteilung in der Familie; sie würden ihren eigenen Zeiteinsatz für die Betreuung des behinderten Kindes und die Hausarbeit gern verringern und wünschen sich mehr Zeit für Freizeit und Erwerbstätigkeit.

Von herausragender Bedeutung für die Entlastung von Familien mit behinderten Kindern sind die Familienentlastenden Dienste verschiedener Anbieter, die in Deutschland in der Regel im Rahmen von Verhinderungs- oder Ersatzpflege von der zuständigen Pflegeversicherung bezahlt werden, sofern das behinderte Kind mindestens in die Pflegestufe
„1", seit Juni 2008 auch in die so genannte Pflegestufe „0" eingestuft wurde.
Die ehemalige Behindertenbeauftragte Karin Evers-Meyer sieht ein soziales Risiko für Familien mit Kindern, die eine Behinderung haben: „Familien mit Kindern mit Behinderung haben in Deutschland ein doppelt so hohes Armutsrisiko wie Familien mit Kindern ohne Behinderung."[41]

Traditionelle karitative Einrichtungen

Seit dem späten 18. Jahrhundert dienten vor allem kirchliche und andere karitative Einrichtungen dazu, behinderte Kinder und Erwachsene von der Gesellschaft zu isolieren. Seit dem 19. Jahrhundert wurde Pflege und schulische Förderung staatliche Aufgabe.

Anfangs fand die angebliche Unterstützung von behinderten Menschen überwiegend in dafür spezialisierten Einrich- tungen wie Sonderschulen, Werkstätten für behinderte Menschen (WfbM), Internaten oder Heimen statt. Kritiker nehmen an, dass sich diese Aussonderung in fast allen Fällen gegen die behinderten Menschen richtet.

Inzwischen ist die Landschaft der Einrichtungen und der Konzepte des Abbaus von Barrieren breit aufgefächert, was auch Ergebnis der lebendigen politischen und wissenschaftlichen Diskussion der letzten Jahrzehnte ist.

Gesetzliche Vorgaben

Durch die neuere Gesetzgebung ist die Gesellschaft aufgefordert, Strukturen zur Unterstützung von Menschen mit Behinderung zu schaffen. In Deutschland findet dies Ausdruck in Artikel 3 Abs. 3 Satz 2 des Grundgesetzes: „Niemand darf wegen seiner Behinderung benachteiligt werden".

Dieses Prinzip muss vom Staat in der Gesetzgebung, der Verwaltung und bei der Rechtsprechung berücksichtigt wer- den. So finden sich zahlreiche Regelungen zum Nachteilsausgleich und zum Schutz der Rechtsposition von Men- schen mit Behinderung u. a. im Sozialrecht, im Steuerrecht, im Arbeitsrecht oder auch in Bauvorschriften, hier insbesondere zum Thema Barrierefreiheit. Die besonderen Interessen von behinderten Arbeitnehmern werden von der Schwerbehindertenvertretung bzw. von der Vertrauensperson wahrgenommen. Die Leistungen der Rehabilitati- on (Leistungen zur Teilhabe) sind in den Büchern des Sozialgesetzbuchs verankert, insbesondere im SGB IX. Für zahlreiche Behinderte ist auch die Pflegeversicherung (SGB XI) von großer Bedeutung für die Finanzierung nötiger Hilfen.

Konzepte, Maßnahmen und Einrichtungen der Behindertenhilfe setzen schon bei Kleinkindern (Frühförderung) an und gehen weiter über verschiedene Maßnahmen für Kinder und Jugendliche, insbesondere in den Fachgebieten der Sonderpädagogik, der Heilpädagogik und der Rehabilitationspädagogik. Auch für Erwachsene existieren Leis- tungsansprüche und Hilfsangebote im Bereich der Eingliederungshilfe im Alltag, im Beruf sowie im Bereich der medizinischen Rehabilitation. Behinderung kann bei Volljährigen unter bestimmten Umständen zur Anordnung ei- ner rechtlichen Betreuung (§ 1896 ff. BGB) führen. Behindertenspezifische Regelungen sind notwendig in allen Lebensbereichen.

Einzelne Gesetze

Das Gesetz zur Gleichstellung behinderter Menschen enthält verschiedene Verpflichtungen zur Gleichstellung und Barrierefreiheit.

Die Bauordnung enthält grundlegende Vorgaben für barrierefreies Bauen (vgl. § 39 LBO BW).
Landesgleichstellungsgesetz

Die Barrierefreie-Informationstechnik-Verordnung (BITV) macht Vorgaben für behindertengerechte IT-Systeme, beispielsweise barrierefreies Internet.

SGB IX: Rehabilitation und Teilhabe behinderter Menschen. Erster Teil Regelungen für behinderte Menschen, zweiter Teil Schwerbehindertenrecht
SGB XI: Pflegeversicherung
SGB XII: hier regeln im 6. Kapitel die § 53 bis 60 die Eingliederungshilfe für Menschen die im Sinne von § 2
Abs. 1 Satz 1 des SGB IX als behindert gelten.
Kraftfahrzeughilfe-Verordnung: Regelt die Bezuschussung von Pkw für Behinderte
Bundeswahlgesetz: § 13 regelt den Ausschluss vom Wahlrecht

Vor- und Nachteile der Geltendmachung des Schwerbehindertenstatus

Menschen mit erheblichen Beeinträchtigungen bzw. deren Eltern (wenn es sich um Kinder handelt) überlegen oft, ob es sinnvoll sei, einen Schwerbehindertenausweis zu beantragen, durch den die betreffende Person amtlich die Eigenschaft anerkannt bekommt, „schwerbehindert" zu sein. Diejenigen, die diesen Schritt vollziehen und damit Erfolg haben, sehen in aller Regel die Vorteile einer solchen

Anerkennung in Form von Steuererleichterungen[43] und anderen Nachteilsausgleichen.

Von Rechts wegen ist es nicht zulässig, jemanden wegen seiner Behinderung zu benachteiligen. In Deutschland ver- bietet dies Artikel 3 Absatz 3 des Grundgesetzes sowie das EU-Recht. Auch das Allgemeine Gleichbehandlungsgesetz (AGG) erwähnt ausdrücklich das Merkmal „Behinderung" als Eigenschaft von Menschen, die als Begründung für eine Benachteiligung nicht angeführt werden darf. Im Gegensatz zu anderen Merkmalen ist es aber zulässig, ei- nen Menschen wegen seiner Behinderung zu bevorzugen, indem er beispielsweise bei gleicher Qualifikation einem anderen Bewerber um einen Arbeitsplatz vorgezogen wird. In Deutschland besteht für Arbeitgeber, die jahresdurch-schnittlich 20 und mehr Mitarbeiter beschäftigen, die Pflicht, schwerbehinderte Menschen einzustellen (§ 71 SGB IX).[44] Beschäftigt er weniger schwerbehinderte oder gleichgestellte behinderte Menschen als in diesem Gesetz fest-gelegt, muss er eine Ausgleichsabgabe zahlen (§ 77 SGB IX).[45] Das ist ein Anreiz zur Einstellung schwerbehinderter Menschen.

Deshalb sollte sich der Besitz eines Schwerbehindertenausweises bei Bewerbungen um einen Arbeitsplatz nicht ne- gativ auswirken, obwohl dies häufig befürchtet wird. Eine Umfrage der Europäischen Union[46] hat ergeben, dass im Jahr 2008 41 Prozent der Menschen in der EU der Meinung waren, eine Behinderung führe dazu, dass ein nicht behinderter Bewerber bei gleicher Qualifikation einem behinderten vorgezogen werde. Von den Managern unter den Befragten meinten das sogar 46 Prozent. Die tätigkeitsneutrale Frage nach einer Schwerbehinderung ist nach neuerer obergerichtlicher Rechtstellung regelmäßig im Einstellungsverfahren unzulässig bzw. diskriminierend (LAG Frank- furt, Teilurteil vom 24. März 2010, 6/7 Sa 1373/09). Folgt man dieser Auffassung, besteht daher ähnlich wie bei der Frage nach einer Schwangerschaft ein „Recht zur Lüge". Hier ist auch anzumerken, dass beim Arbeitgeber (genau so wie bei Behörden usw.) immer nur der Schwerbehindertenausweis vorgelegt werden muss, jedoch nicht der be- hördliche Feststellungsbescheid des Versorgungsamts, aus der die Art der Behinderung (Diagnose) hervorgeht. Der Arbeitgeber darf dessen Vorlage nicht verlangen.

Behindertenbeauftragte, Behindertenorganisationen und Selbsthilfegruppen
Die Interessen behinderter Menschen sollen im Bund sowie in den Bundesländern, Städten und Gemeinden von
Beauftragten für ihre spezifischen Belange vertreten werden.
Darüber hinaus gibt es eine Vielzahl von Behindertenorganisationen, Verbänden und Selbsthilfegruppen, die entweder als Lobby Einfluss auf die Politik zu nehmen versuchen oder dem Erfahrungsaustausch behinderter Menschen dienen sollen. Diese Verbände haben Anhörungs- und Verbandsklagerechte nach den

Behindertengleichstellungsgesetzen des Bundes und der Länder und nach dem SGB IX. Der/die Beauftragte der Bundesregierung für die Belange behinderter Menschen gehört zum Aufgabenbereich des Bundesministerium für Arbeit und Soziales. Seit 16. Dezember 2009 übt Hubert Hüppe dieses Amt aus.

Rehabilitation, Integration, Inklusion

Seit den 1970er Jahren entstehen neue Denk- und Handlungsansätze zur Rehabilitation und Integration von Men- schen mit Behinderungen. Politisch engagierte Mitglieder der Selbsthilfevereine fühlten sich zunächst von Ver- tretern und Mitarbeitern historisch gewachsener Strukturen der Rehabilitation weniger gefördert, forderten mehr Selbstbestimmung und protestierten gegen Menschenrechtsverletzungen in Pflegeheimen und Sonderarbeitsplätzen (Krüppelbewegung).

Im Zusammenhang mit reformpädagogischen Überlegungen bestehen heute integrative und inklusive Ansätze, so z. B. entsprechende Kindergärten, Schulen, auch so genannte Integrationsfirmen. Dies sind reguläre Organisationen, in denen durch konzeptionelle, personelle und strukturelle Vorkehrungen auch die Bedürfnisse von Menschen mit Behinderung berücksichtigt werden, wodurch gemeinsames Lernen und Arbeiten (Arbeitsintegration) ermöglicht werden soll.

Als Rehabilitation werden alle Maßnahmen verstanden, die auf eine Integration (Eingliederung) oder Wiedereinglie- derung von Menschen in die Gesellschaft abzielen. Leistungen werden im Bereich der schulischen und beruflichen Ausbildung, der Medizin und der Förderung zur Teilnahme am sozialen Leben erbracht. In den Folgejahren entstanden neue soziale Initiativen und Modelle zur eigenständigen Organisation von Pflege und Betreuung, unter anderem persönliche Assistenz, persönliche Budget, die Arbeitsassistenz im Beruf, oder die betriebliche Mitbestimmung in den Werkstätten für Menschen mit Behinderung (WfBM), die heute durch einen Werkstattrat ausgeübt wird.

In einem Urteil des Bundessozialgerichts vom November 2011 wurde klargestellt, dass so genannte Leistungen zur

„Teilhabe am Arbeitsleben", die bislang ausschließlich in einer WfbM erbracht wurden, nicht allein deshalb vom

Persönlichen Budget ausgespart werden könnten, weil einer Einrichtung die Anerkennung als Werkstatt fehlte.[48]

Der Beauftragte der Bundesregierung für die Belange behinderter Menschen Hubert Hüppe forderte anschließend in einer Stellungnahme, „die Kostenträger seien jetzt aufgerufen, der Klarstellung des Bundessozialgerichts zu folgen und Werkstattleistungen auch ohne Anbindung an Werkstätten für behinderte Menschen zu gewähren. Im Rahmen des Persönlichen Budgets müssten die Leistungen dem Menschen folgen und nicht umgekehrt."[4

Seit einigen Jahren zeichnet sich so ein Paradigmenwechsel ab: weg vom Fürsorgeprinzip hin zum so genannten Empowerment (Bestärkung) und weg von einem ausschließlich medizinischen Verständnis von Behinderung hin zu einer sozialen Definition. Darüber hinaus wird Behinderung zunehmend als krisenhaftes Ereignis nicht nur für die persönlich Betroffenen, sondern auch für die jeweiligen Angehörigen und Freunde begriffen (Schuchhardt, 1982). Rehabilitation wird daher auch als Anbahnung eines Lernprozesses gedeutet, an dessen Ende nicht nur die Verarbeitung des Eintritts einer Behinderung durch die Betroffenen erfolgreich gemeistert werden können, sondern auch die Umgebung des Behinderten „behindertengerecht" für die spezifischen Bedürfnisse und das natürliche „anders Sein" angepasst würden. Wichtige Leitgedanken sind hier:

soziale Teilhabe statt Pflege,
überlegte Planung statt Barrierenerrichtung,
Achtung und Respekt statt Diskriminierung,
integrierte Teilhabe statt vorgeburtliche Selektion und gesellschaftlich-institutionelle Ausgrenzung.

Aktuelle Situation im Bereich Bildung Lese dazu: : Inklusion (Pädagogik)

In der Realität ist es in Deutschland häufig so, dass Kinder mit Behinderungen keinen Platz in regulären Schulen finden – in Baden-Württemberg beispielsweise praktisch nie.[41] Daher müssen Kinder mit Behinderung oft in ge- sonderte Schulen gehen, das betrifft vor allem weiterführende Schulen. Als Grund für die Ablehnung von Kindern mit Behinderung wird von entsprechenden Einrichtungen oft angeführt, die Umgebung sei ungeeignet. Das hat häufig zur Folge, dass Kinder vom Elternhaus getrennt werden, da entsprechende Schulen oft weit vom Wohnort gelegen sind und somit nur eine Internatslösung in Frage kommt. Das wiederum kann leicht zu einer weiteren Hürde im Integrationsprozess für die Betroffenen werden und kann auch zu großen Problemen im persönlichen Umfeld führen.

Die ehemalige Beauftragte der Bundesregierung für die Belange behinderter Menschen Karin Evers-Meyer zu den Folgen dieser Situation: „Kein vergleichbares Land sortiert Kinder nach Behinderungsarten. Für jeden Fall haben wir eine gesonderte Schule. Aber danach gibt es nicht etwa einen Job, sondern eine Werkstatt für Behinderte – weiter getrennt vom Rest der Welt." „Weil wir Behinderte in unserem Alltag immer weniger sehen, entfremdet sich die Gesellschaft von ihnen."[41]

10.3.2 Schweiz

Um die Anzahl behinderter Personen festzustellen, fehlt in der Schweiz ein geeignetes Messinstrument. Im Gegensatz zu Deutschland kennt die Schweiz keine Schwerbehindertenausweise. Deshalb ist es nicht sehr zielführend, die nach- folgend unter dem Titel Invalidenversicherung angeführten Rentenbestände der Invalidenversicherung zur Bemes- sung beizuziehen. Insbesondere, da der Rentenbestand aufgrund von Sparmassnahmen, wie sie unten weiter erklärt werden, drastisch abgenommen hat.

Individualverkehrstechnische Mobilität

Kantonale Strassenverkehrsämter, oder in einigen Kantonen ausgelagert an die Stadt- oder Kantonspolizeien, führen einen für den motorisierten Individualverkehr erleichternden, blauen Parkausweis – den „Parkausweis für Menschen mit Behinderungen in der Europäischen Union" –, den die Schweiz als Nicht-EU-Mitglied übernommen hat und lautend auf die darauf angewiesene Person ausgestellt wird. Da dieser Ausweis personenbezogen ausgestellt wird, ohne die Fahrzeugkennnummer im Ausweis zu hinterlegen, erleichter dies das Reisen mit dem eigenen oder fremden Kraftfahrzeug als Fahrer oder Passagier auf dem europäischen Kontinent erheblich.

Behindertengleichstellungsgesetz (BehiG)

Das 2004 eingeführte Bundesgesetz zur Gleichstellung von Menschen mit Behinderung sieht vor, insbesondere physi- sche Barrieren bei

Bildungsinstitutionen, im Bereich öffentlicher Verkehr und bei „öffentlich zugänglichen Gebäuden mit Publikumsverkehr" (u.a. Restaurants, Kinos, Hotels, Schwimm- und Hallenbäder, Sportanlagen, Verwaltungsge- bäude) abzubauen.

UN-Konvention über die Rechte von Menschen mit Behinderungen

Die Schweiz hat die UN-Konvention über die Rechte von Menschen mit Behinderungen, nachfolgend als UNO- Behindertenrechtskonvention bezeichnet, am 15. April 2014 von beiden Parlamentskammern ratifizieren lassen. Nach einer Frist von 30 Tagen und der Übergabe der Urkunde zum Beitritt ist die UNO-Behindertenrechtskonvention seit 15. Mai 2014 nun offiziell in Kraft.
Diesem Meilenstein ist ein seit Verabschiedung der UNO-Behindertenkonvetion 2006 andauernder Kampf um Un- terzeichnung dieses Menschenrechtsabkommens im schweizerischen Parlament vorausgegangen. So wurde durch Nationalrätin Pascale Brunderer eine Motion eingereicht, die die Ratifizierung der UNO-Konvention verlangt.
Das neben der generellen UNO-Behindertenrechtskonvention bestehende Fakultativprotokoll hat die Schweiz nicht unterzeichnet.

Behinderung und Armutsgefährdung

Da je nach Grad einer Behinderung eine mehr oder minder eingeschränkte Arbeitsfähigkeit für körperlich und/oder mental anspruchsvollen Tätigkeiten resultiert, ist es nicht weiter verwunderlich, dass behinderte Menschen viel eher einem Armutsrisiko ausgesetzt sein können, als dies im Vergleich zu Nicht-Behinderten der Fall wäre. Das Bundesamt für Statistik gibt für 2012 an, dass 19 % „in einem Haushalt [leben], dessen verfügbares Einkommen unter 60 Prozent des Schweizer Medianeinkommens lag", während für 2007 „nur" 14 % armutsgefährdet gewesen sein sollen. Verglichen mit den 11 % bei der übrigen Bevölkerung, bei der sich zwischen 2007 und 2012 der Wert von Ar- mutsbetroffenen konstant gehalten hat, lag die Armutsgefährdung Behinderter also 7 % (2012) beziehungsweise 3 % (2007) höher. Seit 2007 werde dieser Graben „tendenziell grösser". Noch höher lag der Wert armutsgefährdeter Behinderter, die in ihrem Alltagsleben stark eingeschränkt sind. Dieser lag 2012 bei 25 %.

Invalidenversicherung (IV) Beim Bundesamt für Sozialversicherung (BSV) sind die nach dem Bundesgesetz über die Invalidenversicherung gezahlten IV-Renten statistisch erfasst. Im Jahr 2003 bekamen 271.039 Personen einfa- che Invalidenrenten und 185.476 noch Zusatzrenten. Die durchschnittliche Rente betrug 1.396 CHF pro Monat. Individuelle Maßnahmen (Hilfsmittel, Förderschulen, Berufliche Ausbildung usw.) bezogen

400.537 Personen. Bei den Männern ist einer von fünf kurz vor der Pensionierung IV-Rentner. Aus finanzieller Schieflage der Invaliden- versicherung heraus – die IV musste für 2009 noch ein Defizit von 1,126 Milliarden CHF verbuchen – gleiste das Schweizerische Parlament auf Anfang 2008 die sogenannte IVG-Revision 5 auf, um ein paar Jahre später auf Anfang 2012 mit der IV-Revision 6 – aus politischen Gründen einer möglichen Blockierung in den beiden Parlamentskam- mern aufgeteilt in eine IVG-Revision 6a (in Kraft getreten 2012) und 6b (2014) – aufzuwarten. Die IVG-Revision 6b ist 2013 am negativen Votum des Ständerates, der gewisse strittige Punkte mit dem Nationalrat abschwächen wollte, gescheitert. Der Nationalrat wollte dieses durchaus sehr ambitionierte Vorhaben ohne Abstriche durchbringen.

Das eigentliche Ziel, die Invalidenversicherung von einer Rentenversicherung in eine „Eingliederungsversicherung" umzubauen und 17.000 Rentenbezüger – oder in Vollrenten ausgedrückt: 12.500 Bezüger von Vollrenten – in den ersten Arbeitsmarkt einzugliedern, wurde trotz positiver Darstellung seitens des BSVs mehrheitlich verfehlt, da nicht die tatsächlich erfolgreich Eingegliederten zu diesen Zahlen gezählt werden, oder die Renten, die die IV seit 2008 aufgrund sogenannter Frühinterventionsmassnahmen (im Triangel mit Arbeitgebern, Haus- und Fachärzten, sowie der betreffenden Person) verhindern konnte, sondern nur der absolute Rentenbestand, der 2005 einen Höhepunkt von 252.000 Rentner vorwies, 2013 noch 230.000 betrug und mehrheitlich damit zu begründen ist, dass vielen Be- troffenen (es liegen keine Zahlen vor) eine Rente verweigert wird, das sich in erhöhter Fallzahl von Gerichtsverfahren bei den Versicherungsgerichten in den einzelnen Kantonen und dem Bundesgericht ausdrückt, oder aufgrund neuer Definition in der IV-Gesetzgebung bezüglich Schmerzpatienten, die mit „pathogenetisch-ätiologisch unklaren syn- dromalen Beschwerdebildern [ohne nachweisbare organische Grundlage]" leben,[51] kategorisch von Versicherungs- leistungen ausgeschlossen sind.

Sozialhilfe   Die Sozialhilfe springt als letztes Auffangnetz in der sozialen Sicherung der Schweiz ein, ist aber grund- sätzlich nicht auf behinderte Menschen ausgerichtet, da weiterhin ein unhaltbarer, politischer Konsens nicht nur nach Volksmund sondern auch unter Politikern herrscht, in dem davon ausgegangen wird, dass, wer mit einer Behinderung lebt, automatisch von der Invalidenversicherung „profitiert". *Wer keine Invalidenrenten (mehr) erhält, muss sich also zwangsläufig auf dem Sozialamt der Gemeinde melden, um wenigstens auf ein „soziales" Existenzminimum, das gemäss SKOS-Richtlinie für 2013 bei etwa CHF 1700 bis 1800 beziehungsweise in Kantonen, Ortschaften und Ge- meinden mit hohen Bruttomieten (inklusive Nebenkosten) CHF 2000 bis CHF 2200 liegt, zu gelangen.* Diese Zahl spiegelt die wirtschaftliche Sozialhilfe, inklusive der Mietzins- und Krankenversicherungskosten wider. Auf die oben angesprochene politische Meinung

116

zurückkehrend ist es nicht verwunderlich, dass Sozialämter seit spätestens der IVG-Revision 6a mit erhöhter Fallzahl von armutsgefährdeten behinderten Personen konfrontiert und teilweise überfordert sind.

Ergänzungsleistungen (EL) Eine IV-Rente kann durch Ergänzungsleistungen, die mehrheitlich von Kantonen, aber auch von Gemeinden und dem Bund, durch Steuermittel finanziert wird, auf ein erweitertes Existenzminimum, das 2013 maximal CHF 2'700 betrug, aufgebessert werden. 2013 bezogen 111'400 Personen ergänzend zu einer IV-Rente Ergänzungsleistungen, was 42,2 % der Ausgaben für IV-Renten entspricht.

Assistenzbeitrag

Als positiver Aspekt der IV-Revision 6a ist die Einführung eines Assistenzbeitrages, wie er im unmittelbaren euro- päischen Umland schon länger existiert, zu erwähnen. Allerdings gilt die Einschränkung, dass einer Person, die von einer Körper- oder Sinnesbehinderung betroffen ist und Assistenzbeiträge erhält, untersagt wird, Assistenz aus dem unmittelbaren Umfeld nachzufragen beziehungsweise jemanden aus diesem Personenkreis dafür zu bezahlen. Des Weiteren werden mental Behinderte kategorisch von diesen Leistungen ausgeschlossen.
Für Aufsehen sorgte der Fall einer jungen, alleinerziehenden Mutter, die ihre berufliche Tätigkeit

aufgrund der schweren Stoffwechselerkrankung ihrer Tochter aufgeben musste, um sie rund um die Uhr zu pflegen und ihren Gesundheitszustand zu überwachen. Eine solche Konstellation wurde vor Einführung des Assistenzbeitrages in der Schweiz nicht entschädigt beziehungsweise nicht besonders berücksichtigt. Angehörigen wird bis heute noch die Einlieferung ihrer Familienmitglieder in ein (Pflege-)Heim empfohlen, so auch hier. Weil aber der Wechsel in eine solche Institution aufgrund des Stresses, der der Tochter zusätzlich zu ihrer Krankheit zugeführt worden wäre, zu gefährlich war, entschied sich die Mutter für die Pflege zu Hause. Die Mutter konnte die Pflege zwar zu Beginn mit Unterstützung ambulanter Helfer bewerkstelligen, die sie aber nur ein paar Stunden in der Woche entlastete. In ihrer Verzweiflung wandte sie sich deshalb an die Medien, worauf sie durch Spenden finanziert für einige Monate entlastet wurde. Nach zwischenzeitlicher Erteilung des Assistenzbeitrages durch die IV konnte die Mutter für die Rund-um-die-Uhr-Betreuung genügend Pflegekräfte für ihre Tochter bis zu ihrem Tod im März 2014 einstellen. Da- durch konnte sich die Mutter mit dem Assistenzbeitrag soweit einrichten, dass sie ihren angestammten Beruf wieder aufnehmen konnte.[53] Da der Assistenzbeitrag flexibel eingesetzt werden kann, ist es für Angehörige oder die betreu- te Person möglich, den Assistenzbeitrag direkt einzusetzen oder aber für eine Haushaltshilfe, um sich zu entlasten. Es ist aber eine Einschränkung, dass ein Assistenzbeitrag nicht für die unmittelbaren Angehörigen eingesetzt werden kann.

10.3.3 Russland

Während u. a. ein hoher medizinischer und pädagogischer Standard und ein verbessertes Wissen um Entwicklungs- möglichkeiten es Menschen mit Behinderung mittlerweile in vielen Ländern ermöglicht, ein relativ normales und langes Leben zu führen, sieht es in manchen Regionen dahingehend noch sehr schlecht aus: In Russland beispiels- weise wird auch heute noch den Eltern nach der Geburt eines Kindes mit Behinderung geraten, den Säugling in ein Heim zu geben. Durch unzureichende personelle und materielle Ausstattung, Mangelernährung, wenig Bewegungs- freiheit und so gut wie keine pädagogische Zuwendung, Förderung und Therapie lernen viele Kinder weder Laufen noch Sprechen. Nicht selten versterben sie im Kindesalter, da sie medizinisch kaum bzw. nur ungenügend behandelt werden. Eine Schulbildung ist – wenn überhaupt – nur für leicht beeinträchtigte Kinder und Jugendliche vorgesehen und Arbeitsmöglichkeiten für erwachsenen Menschen mit Behinderung sind nur sporadisch vorhanden.[54]

10.3.4 Großbritannien

Eine britische Untersuchung unter Familien mit blinden oder sehbehinderten Kindern zeigte, dass die praktische und emotionale Hilfe durch die Großeltern eine entscheidende Rolle spielen kann.

10.4 Forschungsprojekte

Projekt „BAIM plus – Mobilität durch Information" dient zur Verbesserung der Fahrgastinformation für Men- schen, die in ihrer Mobilität eingeschränkt sind.

CLASDISA ist ein fünfjähriges vom Österreichischen Wissenschaftsfonds FWF finanziertes Forschungspro- jekt der Universität Wien, das über vergleichende Untersuchungen in Österreich, Thailand und Äthiopien zu Aussagen über den Zusammenhang von Behinderung, Bildung, Kultur und Gesellschaft gelangt.

Projekt „SELBST – Selbstbewusstsein für Mädchen und Frauen mit Behinderung."[55] Das Projekt dient der Bestandsaufnahme und Qualitätsanalysen zu Selbstbehauptungs- und Selbstverteidigungsübungen für behin- derte Frauen und Mädchen innerhalb des Behindertensports.

Disability Studies ist eine interdisziplinäre Wissenschaft, die sich der Erforschung der sozial- und kulturwis- senschaftlichen Grundlagen und Auswirkungen der Behinderung widmet.

10.5 Filme, Fernsehserien und Veranstaltungen im Kontext

Unser Walter (1974). Mehrteiler über ein Kind mit Down-Syndrom.

Mein linker Fuß (Spielfilm, Irland, 1989) mit Hugh O'Connor und Daniel Day-Lewis, die einen spastisch ge- lähmten Jungen/Mann spielen, der nicht sprechen kann. Er lernt mit dem linken Fuß schreiben und malen.

Forrest Gump (Spielfilm, USA, 1994). Literaturverfilmung über einen Behinderten, der scheinbar unmögliche Dinge im Leben erreicht mit Tom Hanks.

Jenseits der Stille (Spielfilm, Deutschland, 1996). Ein Kind gehörloser Eltern entdeckt die Musik und wird erwachsen – ein Film über das Leben, die Liebe und den Klang des Schnees. Nominiert für den Oscar.

Idioten (Spielfilm, Dänemark, 1998) von Lars von Trier setzt sich kontrovers mit dem gesellschaftlichen Bild von geistig Behinderten auseinander.

Vom Fliegen und anderen Träumen (Spielfilm, Großbritannien, 1998) Helena Bonham Carter spielt eine ALS- Kranke, die im Supermarkt klaut und ihre Unschuld verlieren will.

Ganz normal verliebt (Originaltitel: „The Other Sister"). Spielfilm, USA, 1999. Über die Probleme eines geistig behinderten Paares. Mit Juliette Lewis, Giovanni Ribisi, Diane Keaton.

Ich bin Sam (Spielfilm, USA, 2001). Sean Penn als geistig behinderter Vater.

Elling (Spielfilm, Norwegen, 2001) mit Per Christian Ellefsen und Sven Nordin.

Verrückt nach Paris (Spielfilm, Deutschland 2002) ist eine von Menschen mit Behinderung in den Hauptrollen gespieltes Roadmovie über das Thema Wahrnehmung und Selbstdarstellung von Behinderung, Freundschaft, Liebe.

Die Handlung von Elling – Nicht ohne meine Mutter (Spielfilm, Norwegen 2003) spielt noch zu Lebzeiten von Ellings Mutter und somit vor dem Film Elling.

Talking with Angels (Gespräche mit Engeln), von Yousuf Ali Khan. (Kurzfilm, Großbritannien, 2003).

Erbsen auf halb 6 (Spielfilm, Deutschland, 2004). Roadmovie über Blinde mit Fritzi Haberlandt.

Inside I'm Dancing (Spielfilm, Irland, 2004). Buddy-Movie über den Versuch zweier körperlich behinderter junger Männer, selbstbestimmt zu leben.

Contergan (Spielfilm, Deutschland, 2007), in dem der Contergan-Skandal aufgearbeitet wird. Die körperlich behinderte Schauspielerin Denise Marko spielt das Contergan-geschädigte Mädchen Katrin. Sie selbst weist durch ihr Amniotisches-Band-Syndrom ein Contergan-ähnliches Krankheitsbild auf.

Der Geschmack von Schnee (Originaltitel: Snow Cake) (Spielfilm, UK/Kanada 2006). Sigourney Weaver als Autistin deren Tochter bei einem Verkehrsunfall stirbt, und später beim überlebenden Fahrer befreundet ist.

Schmetterling und Taucherglocke (Spielfilm, Frankreich/USA 2007). Beruht auf der Biografie des infolge eines Schlaganfalls am Locked-in-Syndrom erkrankten Jean-Dominique Bauby, die dieser allein mit dem Lidschlag seines linken Auges Buchstabe für Buchstabe diktiert hat.

Hasta la vista (Spielfilm, Niederlande, 2011). Drei junge Männer fahren auf eigene Faust nach Spanien, um in einem Bordell ihr „Erstes Mal" zu erleben.

Ziemlich beste Freunde (Spielfilm, Frankreich 2011). Geschichte des querschnittgelähmten vermögenden Phil- ippe und seines Assistenten Driss, die gemeinsam den Spaß am Leben entdecken (beruht auf einer wahren Begebenheit).

10.5.1 TV-Sendereihen

Normal – Eine wöchentliche Sendung in Sport1 aus der und über die Behindertenszene
Challenge – Ein Magazin im Privatsender kabel eins

Sehen statt Hören – Wochenmagazin für Hörgeschädigte des Bayerischen Rundfunks

Menschen – das Magazin der Aktion Mensch im ZDF

10.5.2 Dokumentarfilme

Behinderte Zukunft, Regie: Werner Herzog, 62 Min.,
Deutschland 1971.

SHAMELESS: The ART of Disability, Regie: Bonnie
Sherr Klein, 72 Min., Kanada 2006.
Schade, dass wir etwas besonderes sind – Das Leben
mit einem behinderten Partner[56] , Regie: Anita
Read, 18
Min., Deutschland 2008.

10.5.3 Filmfestival

Internationales Kurzfilmfestival „Wie wir leben"[57]

10.5.4 Sportveranstaltungen
Beispiele für Sportveranstaltungen im
Behindertensport sind:

Special Olympics bezeichnet die nationalen
Wettkämpfe der Menschen mit kognitiven
Einschränkungen.

Paralympics bezeichnet die internationalen
Wettkämpfe des Sports von Menschen mit einem
Handicap.

Deaflympics bezeichnet die jeweils ein Jahr nach
jeder Olympiade stattfindenden „Weltspiele der
Gehörlosen".

10.6 Zitate

„Im Grunde sind alle Menschen behindert, der Vorzug von uns Behinderten allerdings ist, dass wir es wissen."
– Wolfgang Schäuble über sein Leben im Rollstuhl, Focus Nr. 12/2006
„Wenn Arbeit alles wäre, gäbe es keinen Lebenssinn für Behinderte, keinen mehr für Alte und noch keinen für
Kinder." – Norbert Blüm, Unverblümtes von Norbert Blüm

10.7 Lese dazu:

ABC Behinderung & Beruf
Ableism
Behinderung und Entwicklungszusammenarbeit (bezev)
Behindertenfeindlichkeit
Berufsbildungswerk, Berufsförderungswerk
Bidok
Eingliederungszuschuss
Das Integrationsamt fördert die Arbeitsplatzgestaltung und -erhaltung für behinderte Arbeitnehmer, Integrationsvereinbarung (Arbeitsrecht), Integrationsvereinbarung (Österreich)
International Classification of Functioning, Disability and Health (ICF, dt.: Internationale Klassifikation der

Funktionsfähigkeit, Behinderung und Gesundheit) der Weltgesundheitsorganisation (WHO)
Leistung zur Teilhabe
Medizinisches Modell von Behinderung
Pflegebedürftigkeit
Rehabilitationsträger, Gemeinsame Service-Stellen für Rehabilitation, Hilfsmittel (Rehabilitation) bezeichnet
Geräte, die die Folgen einer Behinderung mildern. Sie werden in der EN ISO 9999 klassifiziert.
Inklusion (Pädagogik), Inklusion (Soziologie), Schulische Integration
Schwerbehindertenrecht, Schwerbehindertenvertretung
SGB IX
Soziales Modell von Behinderung
Universal Design

10.8 Veröffentlichungen

Gottfried Biewer: Grundlagen der Heilpädagogik und Inklusiven Pädagogik. Klinkhardt (UTB), Bad Heilbrunn
2010, 2. Auflage, ISBN 978-3-8252-2985-6.

Günther Cloerkes: Soziologie der Behinderten. Eine Einführung. 3. neu bearb. und erw. Aufl. Heidelberg 2007, ISBN 978-3-8253-8334-3

Walter Fandrey: Krüppel, Idioten, Irre: zur Sozialgeschichte behinderter Menschen in Deutschland. Silberburg- Verlag, Stuttgart 1990, ISBN 978-3-925344-71-8.

Beate Firlinger (Hrsg.): Buch der Begriffe. Sprache, Behinderung, Integration. Integration: Österreich. Bundes- ministerium für soziale Sicherheit, Generationen und Konsumentenschutz. Wien 2003
Barbara Fornefeld: Einführung in die Geistigbehindertenpädagogik. München u. Basel 2002
Rudolf Forster, Volker Schönwiese: BEHINDERTENALLTAG – wie man behindert wird. In: bidok.uibk.ac.at
(20. Juni 2012)

Ch. Fürll-Riede, R. Hausmann, W. Schneider: Sexualität trotz(t) Handicap. Thieme-Verlag, Stuttgart 2000, ISBN 3-13-118211-3
Gisela Hermes: Behinderung und Elternschaft – kein Widerspruch. Ag Spak, Neu-Ulm 2004, ISBN 3-930830-46-9

Bernhard Knittel: SGB IX Rehabilitation und Teilhabe behinderter Menschen – Kommentar, Loseblattwerk.
Verlag R. S. Schulz, Stand: 1. April 2008, ISBN 978-3-7962-0615-3
Klaus Lachwitz: Übereinkommen der Vereinten Nationen über die Rechte von Menschen mit Behinderung; BtPrax
2008, 143

Erich Lenk: Behinderte Menschen. In: Deutscher Verein für Öffentliche und Private Fürsorge (Hrsg.). Fach- lexikon der sozialen Arbeit. 6., völlig überarb. und aktualisierte Aufl. Baden-Baden 2007, S. 100–101, ISBN 978-3-8329-1825-5

Martin Löschau, Andreas Marschner: Das neue Rehabilitations- und Schwerbehindertenrecht. Neuwied 2001

Bernhard Mann: Anpassungsqualitäten behinderter Volljähriger in der stationären Altenhilfe. Haag+Herchen, Frankfurt am Main 1990, ISBN 3-89228-525-X

Alter und Behinderung. In: Deutsches Zentrum für Altersfragen e. V. (Hrsg.): Expertisen zum ersten Altenbericht der Bundesregierung – IV. Angebote und Bedarf im Kontext von Hilfe, Behandlung, beruflicher Qualifikation. S. 359–417. „Weiße Reihe" des Deutschen Zentrums für Altersfragen e.V., Berlin 1993, ISBN 3-88962-117-1

Reinhard Markowetz, Günther Cloerkes (Hrsg.): Freizeit im Leben behinderter Menschen: theoretische Grund- lagen und sozialintegrative Praxis. Edition S, Heidelberg 2000, ISBN 3-8253-8262-1

Heidrun Metzler, Elisabeth Wacker: Behinderung. In: Otto, Hans-Uwe, Thiersch, Hans (Hrsg.). Handbuch Sozialarbeit, Sozialpädagogik. 3. Aufl. München u. Basel 2005, S. 118–139, ISBN 3-497-01817-1

Christian Mürner, Udo Sierck: Behinderung – Chronik eines Jahrhunderts. 1. Aufl. Beltz Juventa, Weinheim 2012, ISBN 978-3-7799-2840-9

Lisa Pfahl: Techniken der Behinderung. Der deutsche Lernbehinderungsdiskurs, die Sonderschule und ihre Aus- wirkungen auf Bildungsbiografien. transcript, 2011. ISBN 978-3-8376-1532-6

Peter Radtke: Behinderung und die Ideologie des „Normalen" in: Hellmut Puschmann (Hrsg.): Not sehen und handeln (Caritas). Freiburg/Br. 1996
Andreas Rett: Kinder in unserer Hand – Ein Leben mit Behinderten, ORAC Wien 1990, ISBN 3-7015-0178-5.
Karl Friedrich Schlegel: Der Körperbehinderte in Mythologie und Kunst. Stuttgart 1983
Volker Schönwiese, Christian Mürner: Das Bildnis eines behinderten Mannes – Kulturgeschichtliche Studie zu
Behinderung und ihre Aktualität. In: bidok.uibk.ac.at (20. Juni 2012)
Felix Welti: Behinderung und Rehabilitation im sozialen Rechtsstaat. Mohr Siebeck, Tübingen 2005, ISBN
3-16-148725-7
Ingeborg Zurbrügg: Klarissa. Harald Fischer, Erlangen 1994, ISBN 3-89131-111-7

Bundesministerium für Arbeit und Soziales. Referat Information, Publikation, Redaktion (Hrsg.): Ratgeber für Menschen mit Behinderung. Ausgabe

2013. Bonn 2013 (Stand: Januar 2013. Bei den einzelnen Gesetzen steht der Rechtsstand immer am Anfang)

10.9 Realityfilm.de

Commons: Disabilities – Sammlung von Bildern, Videos und Audiodateien
Wikinews: Behinderung – in den Nachrichten

who.int, WHO, Disabilities and rehabilitation: World report on disability mit Link zum Volltext (380 Seiten) (10. Juni 2011)

aktion-mensch.de, Pressemitteilung, 10. Juni 2011, Inklusion: Der WHO-Bericht hat enorme politische Spreng- kraft (10. Juni 2011)

Menschen mit Behinderung, Europäische Kommission: Beschäftigung, Soziale Angelegenheiten und Chancengleichheit
www.behindertenbeauftragter.de – Beauftragte der Bundesregierung für die Belange behinderter Menschen
(Deutschland)
www.familienratgeber.de – Webportal für Menschen mit Behinderung mit bundesweiter Adressdatenbank mit
Anlaufstellen vor Ort.

Statistisches Bundesamt – Daten und Aufsätze zum Thema "Behinderte Menschen"
digitale Volltextbibliothek für integrative/inklusive Pädagogik

Leben mit einem behinderten oder chronisch kranken Kind – kindergesundheit-info.de: unabhängiges Infor- mationsangebot der Bundeszentrale für gesundheitliche Aufklärung (BZgA)
Projekt BAIM plus – Mobilität durch Information
Behindertenbericht der Bundesregierung 2009
Einfach teilhaben: Webportal des Bundesministeriums für Arbeit und Soziales
Bundeszentrale für politische Bildung: Menschen mit Behinderung. Aus Politik und Zeitgeschichte. Ausgabe
23/2010 (PDF; 3,2 MB)
Vertragstext: Übereinkommen über die Rechte behinderter Menschen in deutscher Sprache

Leidmedien.de – Online-Portal für Journalisten zur klischeefreien Berichterstattung über Menschen mit Behinderungen

10.10 Einzelnachweise

[1] Wolfgang Jantzen, zedis.uni-hamburg.de: Zur politischen Philosophie der Behinderung (PDF, 87 kB) [2] WHO, who.int, abgerufen am 11. Januar 2010

[3]   Gottfried Biewer (2010): Grundlagen der Heilpädagogik und Inklusiven Pädagogik (2. Aufl.). Bad Heilbrunn: Klinkhardt (UTB). S. 33-76. (ISBN 978-3-8252-2985-6)

[4] lag-bw.de S.1 (39 KB, 15. April 2012)

[5] Lebenshilfe Wien: Mörderischer Vordenker

[6] Bundesministerium des Innern (BMI) Abt. Va1, Schreiben an Abt. Va2, 12. August 1958, Bundesarchiv (BArch) B 106 8414, zitiert nach: Elsbeth Bösl: Die Geschichte der Behindertenpolitik in der Bundesrepublik aus Sicht der Disability History. In: Aus Politik und Zeitgeschichte. Ausgabe 21-22/2010. 7. Juni 2010. S. 6 (PDF; 3,2 MB)

[7]   Analphabetismus bedingt keine Erwerbsminderungsrente.   Urteil   des Landessozialgerichts Berlin vom 22. Juli 2004 (AZ L 3 RJ 15/03)

[8] H. Eberwein, S. Knauer: Handbuch der Integrationspädagogik, Beltz 2002

[9] Harlan L. Lane: The Mask of Benevlence: Disabling the Deaf Community. Neuauflage 2000. Dawn Sign Press (dt.: Die Maske der Barmherzigkeit. Unterdrückung von Sprache und Kultur der Gehörlosengemeinschaft. Hamburg: Signum 1994)

[10] H.-Dirksen L. Bauman: Audism. Exploring the Metaphysics of Oppression. In: Journal of Deaf Studies and Deaf Education. Bd. 9, Nr. 2, 2004, S. 239–246, PMID 15304445

[11] Paddy Ladd: Understanding Deaf Culture, in Search of Deafhood. Clevedon: Multilingual Matters Ltd., 2003

[12] Bundesministerium für Arbeit und Soziales: bmas.de: Neuer Teilhabebericht der Bundesregierung (8. August 2013)

[13] Bundesministerium für Arbeit und Soziales: bmas.de: Behindertenbericht 2009 (8. August 2013)
[14] Newsletter der Bundesvereinigung Lebenshilfe e. V. vom 8. August 2013
[15] mittendrin e.v. (Hrsg.): Eine Schule für Alle – Inklusion umsetzen in der Sekundarstufe, Verlag an der Ruhr 2012, ISBN 978-3-8346-0891-8, S. 11: Wer will denn schon normal sein? – Zum Begriff der Behinderung
[16] Markus Dederich: Körper, Kultur und Behinderung. Eine Einführung in die Disability Studies. Bielefeld 2007. S. 48 [17] Sabine Wierlemann: Political Correctness in den USA und in Deutschland. 2002. S. 175
[18] Harald Weinrich: Die Etikette der Gleichheit. Der Spiegel. Ausgabe 28/1994. 11. Juli 1994
[19] Webservice der Stadt Wien: Barrierefreie Stadt: Begriffe begreifen (Memento vom 30. März 2008 im Internet Archive) [20] taz.de: „Blinde leben nicht in Dunkelheit‟
[21] ZAPP Medienmagazin: Behinderten-Klischees in den Medien'
[22] Judith Joseff Lavin und Claudia Sproedt: „Besondere Kinder brauchen besondere Eltern‟. 2005. Oberstebrink

[23] bidok: Übergänge aus den Werkstätten für behinderte Menschen in Hessen in Ausbildung und Arbeit auf dem allgemeinen
Arbeitsmarkt, Stefan Doose, 2005
[24] Ulla Fix: Ein Gang durch unseren Sprachalltag – auf Hauptwegen und Nebenpfaden – mit theoretischen Zwischenstationen.
23. Januar 2008 (MS Word; 147 kB)
[25] Ulla Fix: Ein Gang durch unseren Sprachalltag – auf Hauptwegen und Nebenpfaden – mit theoretischen Zwischenstationen.
23. Januar 2008, S. 15 Fußnote (MS Word; 147 kB)

[26] Die Salamanca Erklärung und der Aktionsrahmen zur Pädagogik für besondere Bedürfnisse. In: unesco.at, Bildung, Basisdokumente, Salamancaerklärung (66 KB, 29. Dezember 2011; PDF)

[27] UN enable: Ad Hoc Committee on a Comprehensive and Integral International Convention on the Protection and Promotion of the Rights and Dignity of Persons with Disabilities, (Ad-hoc-Ausschuss über ein umfassendes und integratives Internationales Übereinkommen zum Schutz und zur Förderung der Rechte und der Würde von Menschen mit Behinderungen)
[28] ENABLE website UN section on disability
[29] Bundesverband evangelische Behindertenhilfe e.V.: Übereinkommen über die Rechte von Menschen mit Behinderungen, 23.
Februar 2007, Deutsche Übersetzung, (PDF 180 KB)

[30] Institut Mensch, Ethik und Wissenschaft: Das Innovationspotential der UN-Behindertenrechtskonvention, Vortrag von Dr. Valentin Aichele am 16. April 2008

[31] UN.org: List of Signatory States and Regional Integration Organizations, Liste der Unterzeichnerstaaten und der regionalen Integrations-Organisationen

[32] Verein für Menschenrechte und Gleichstellung Behinderter e.V., netzwerk-artikel-3.de: Übereinkommen über die Rechte von Menschen mit Behinderungen – Schattenübersetzung, Berlin, Januar 2009, Einleitung (7. Januar 2011)

[33] who.int, Disabilities and rehabilitation: World report on disability mit Link zum Volltext (380 Seiten) (10. Juni 2011)

[34] aktion-mensch.de, Pressemitteilung, 10. Juni 2011, Inklusion: Der WHO-Bericht hat enorme politische Sprengkraft (10. Juni 2011)

[35] bizeps.or.at (2. Mai 2012) [36] presseportal.de (2. Mai 2012)

[37] frauen-in-nuernberg.de (98 KB, 2. Mai 2012; PDF)

[38] Statistisches Bundesamt: Schwerbehinderte Fachserie 13 Reihe 5.1 2007. 4. August 2009, abgerufen am 17. Mai 2012. [39] Statistisches Bundesamt: Pressemitteilung Nr.325. 7,1 Millionen schwerbehinderte Menschen leben in Deutschland. 14. September 2010, archiviert vom Original am 31. Januar 2012, abgerufen am 14. September 2010.

[40] Annette Hirchert: Zur familialen und beruflichen Situation von Müttern behinderter Kinder. 13. September 2006, abgerufen am 9. November 2008.
[41] Heike Haarhoff: Entscheidung zur PID: "Einstein im Rollstuhl? Joblos!". In: die tageszeitung, 8. Juli 2011. Abgerufen am 29. Oktober 2011.

[42] Bundesministerium der Justiz: § 13 Ausschluß vom Wahlrecht, Bundeswahlgesetz
[43] Oberfinanzdirektion Niedersachsen: Steuerliche Nachteilsausgleiche für behinderte Menschen
[44] § 71 SGB IX [45] § 77 SGB IX
[46] Eurobarometer spezial 296: Diskriminierung in der Europäischen Union: Wahrnehmungen, Erfahrungen und Haltungen S. 28
[47] Behindertenbeauftragter der Bundesregierung (Memento vom 4. März 2011 im Internet Archive)
[48] Urteil B 11 AL 7/10 R des BSG vom 30. November 2011. In: juris.bundessozialgericht.de (15. April 2012) [49] Bekommt die Werkstatt jetzt Konkurrenz?. In: kobinet-nachrichten.org, 7. Dezember 2011 (15. April 2012)
[50] Bundesamt für Statistik: wirtschaftliche und soziale Situation der Bevölkerung, Gleichstellung von Menschen mit Behin- derungen, Lebensstandard, Armut. Abgerufen am 10. Oktober 2014

[51] Schlussbestimmungen der Änderung vom 18. März 2011 – 6. IV-Revision, erstes Massnahmenpaket

[52] PDF-File „SKOS-Richtlinien, Fragen und Antworten" der Schweizerischen Konferenz für Sozialhilfe (SKOS). Abgerufen am 10. Oktober 2014
[53] Artikel "Lea kann daheimbleiben", Online-Ausgabe von "Der Bund" vom 4. September 2012. Abgerufen am 10. Oktober 2014
[54] iwanuschka.de: Die Situation behinderter Kinder und die Entwicklung der Heilpädagogik in Russland, Situation 2006 [55] Friederike-Fliedner-Institut (Memento vom 19. März 2008 im Internet Archive)
[56] Information und Inhaltsangabe bei ABM – Arbeitsgemeinschaft Behinderte und Medien
[57] http://www.abm-festival.de/

Berlin, Januar 1990: Rollstuhlfahrer demonstrieren vor einem Kino. Unter der Losung „Gegen bauliche und geistige Barrieren – für zugängliche Menschen und Gebäude" forderten sie mit ihrer 20minütigen Blockade des Kinoeingangs, Behinderte nicht länger vom kulturellen Leben auszugrenzen.

Kapitel 11

Versorgungsmedizin-Verordnung

Die Verordnung zur Durchführung des § 1 Abs. 1 und 3, des § 30 Abs. 1 und des § 35 Abs. 1 des Bundesver- sorgungsgesetzes (Versorgungsmedizin-Verordnung, VersMedV) löste zum 1. Januar 2009 die Anhaltspunkte für die ärztliche Gutachtertätigkeit im sozialen Entschädigungsrecht und nach dem Schwerbehindertenrecht (AHP) ab.

11.1 Motive des Gesetzgebers

In Rechtsprechung und Literatur war wiederholt die Aktualität sowie die Normqualität der AHP kritisiert worden.[1] Die Anhaltspunkte wurden vom Ärztlichen Sachverständigenbeirat – Sektion Versorgungsmedizin – beim Bundes-gesundheitsministerium bearbeitet. Sowohl das Bundesverfassungsgericht[2] als auch das Bundessozialgericht hatten insoweit bemängelt, dass es „weder für die AHP selbst noch für die Organisation, das Verfahren und die Zusammen-setzung des dieses Regelwerk erarbeitenden und ständig überprüfenden Expertengremiums ... eine Rechtsgrundlage im Sinne eines materiellen Gesetzes" gegeben habe.[3]

Deshalb hatte der Gesetzgeber mit dem Gesetz zur Änderung des Bundesversorgungsgesetzes und anderer Vorschrif- ten des Sozialen Entschädigungsrechts vom 13. Dezember 2007 (BGBl. I S. 2904) insoweit Abhilfe geschaffen, indem in § 30 Abs. 17 BVG eine diesbezügliche Verordnungsermächtigung geschaffen worden war, die am 21. Dezember 2007 in Kraft trat.[4] Demnach wurde das Bundesministerium für Arbeit und Soziales ermächtigt, „im Einverneh- men mit dem Bundesministerium der Verteidigung und mit Zustimmung des Bundesrates durch Rechtsverordnung die Grundsätze aufzustellen, die für die medizinische Bewertung von Schädigungsfolgen und die Feststellung des Grades der Schädigungsfolgen im Sinne des Absatzes 1 maßgebend sind, sowie die für die Anerkennung einer Ge- sundheitsstörung nach § 1 Abs. 3 maßgebenden Grundsätze und die Kriterien für die Bewertung der Hilflosigkeit und der Stufen der Pflegezulage nach § 35 Abs. 1 aufzustellen und das Verfahren für deren Ermittlung und Fortent- wicklung zu regeln."

Gleichzeitig wurde der Begriff der Minderung der Erwerbsfähigkeit (MdE) durch den neuen Rechtsbegriff des Grads der Schädigungsfolgen (GdS) ersetzt. Damit soll zum Ausdruck gebracht werden, dass zwischen der auszugleichenden Schädigung und dem zu entschädigenden Gesundheitsschaden eine ursächliche (kausale) Beziehung bestehen muss.[5] Die Änderung wurde hier zunächst nur im Bundesversorgungsgesetz vorgenommen; für den Bereich der gesetzlichen Unfallversicherung, wo zur Bemessung der Kompensation nach Eintritt eines Versicherungsfalls ebenfalls auf die MdE abgestellt wird, sollte sie in einem späteren Gesetzgebungsverfahren erfolgen.[6] Die insoweit zu erlassende Rechtsverordnung war also noch zu schaffen.

11.2 Gesetzgebungsverfahren

Der Verordnungsentwurf war im Oktober 2008 in den Bundesrat eingebracht worden.[7] Der Bundesrat stimmte in der Sitzung vom 28. November 2008 mit geringfügigen Änderungen zu.[8] Die Verordnung wurde daraufhin am 10. Dezember 2008 ausgefertigt und im Bundesgesetzblatt I S. 2412 Nr. 57 vom 15. Dezember 2008 verkündet. Sie trat zum 1. Januar 2009 in Kraft.

11.3 Inhalt der Verordnung

11.3.1 Beirat
Die Versorgungsmedizin-Verordnung (VersMedV) bestimmt zunächst, dass beim Bundesministerium für Arbeit und
Soziales ein aus 17 Mitgliedern bestehender „unabhängiger ‚Ärztlicher Sachverständigenbeirat Versorgungsmedizin'
... gebildet [werde], der das Bundesministerium für Arbeit und Soziales zu allen versorgungsärztlichen Angelegen-

heiten berät und die Fortentwicklung der Anlage entsprechend dem aktuellen Stand der medizinischen Wissenschaft
und versorgungsmedizinischer Erfordernisse vorbereitet" (§ 3 VersMedV). Auch die nähere Zusammensetzung des
Beirats aus Versorgungsmedizinern und das Berufungsverfahren sowie weitere Vorgaben für die Beratungen des Gre-
miums werden dort geregelt. Die Mitglieder des Beirats sind ehrenamtlich tätig und können sich nicht vertreten lassen.
Der Beirat beschließt mit einfacher Mehrheit bei einer Anwesenheit von mindestens 12 Mitgliedern (§ 4 VersMedV).

11.3.2 Versorgungsmedizinische Grundsätze

Die näheren „Versorgungsmedizinischen Grundsätze", nach denen sich die Bemessung des Grads der Schädigung bemisst und die die früheren „Anhaltspunkte" seitdem ersetzen, sind in der Anlage zu § 2 der Verordnung enthalten. Sie sollen den bei der Verkündung „aktuellen Stand der medizinischen Wissenschaft unter Anwendung der Grundsätze der evidenzbasierten Medizin" wiedergeben und zukünftig laufend von dem Beirat fortentwickelt werden. Es handelte sich dabei – mit geringfügigen Abstrichen – um die gleichen Grundsätze, die schon in den Anhaltspunkte aus dem Jahr 2008 enthalten waren.[9]

11.4 Anwendung der „Versorgungsmedizinischen Grundsätze"

Die Rechtsprechung hatte den Anhaltspunkten den Status eines „antizipierten Sachverständigengutachtens" zuge- sprochen. Dies hatte zur Folge, dass eine Begutachtung, die auf sie gestützt worden war, nicht mit einem Gutachten im Einzelfall angegriffen werden konnte. Man konnte deshalb gegen eine Begutachtung meist nur vorgehen, indem man rügte, dass die AHP mit dem aktuellen Stand der medizinischen Wissenschaft nicht mehr zu vereinbaren seien, dass also eine veraltete Fassung dem Gutachten zugrundegelegt worden war.[10] Es ist davon auszugehen, dass diese Rechtsprechung auch für die „Versorgungsmedizinischen Grundsätze" weiterhin Anwendung finden wird.

11.5 Literatur

Stefanie Vogl: Soziales Versorgungsrecht: „Grad der Schädigungsfolge" bestimmt jetzt den Rentenanspruch.
„Versorgungsmedizinische Grundsätze" ersetzen „Anhaltspunkte" – auch bei Feststellung eines Grades der
Behinderung. In: SozSich. 2009, S. 353.

Manfred Benz: Die Festsetzung des Gesamt-GdB (Schwerbehindertenrecht) und der Gesamt-MdE (gesetzliche Unfallversicherung). In: Die Sozialgerichtsbarkeit. 2009, S. 353.

11.6 Realityfilm.de

Text der Versorgungsmedizin-Verordnung

Versorgungsmedizin-Verordnung mit Änderungssynopse

Anhaltspunkte für die ärztliche Gutachtertätigkeit im sozialen Entschädigungsrecht und nach dem Schwerbehin- dertenrecht - AHP 2008. BMAS, abgerufen am 20. September 2010.

VdK: Grad der Behinderung (GdB) und Grad der Schädigungsfolgen (GdS). 17. Februar 2011, abgerufen am
4. März 2015.

60
KAPITEL 11. VERSORGUNGSMEDIZIN-VERORDNUNG

11.7 Einzelnachweise

[1] Gerhard Igl und Felix Welti: Sozialrecht. 8. Auflage. Werner Verlag, Neuwied 2007, ISBN 978-3-8041-4196-4 (§ 73 Rn.

3 m.w.N.).

[2] BVerfG: Beschluss vom 6. März 1995 – 1 BvR 60/95. In: NJW. 1995, S. 3049.

[3] BSG: Urteil – B 9 SB 3/02 R. 18. September 2003, abgerufen am 20. September 2010.

[4] Bundesrat: BR-Drs. 541/07. 10. August 2007, S. 1, abgerufen am 20. September 2010 (PDF; 651 kB).

[5] Bundesrat: BR-Drs. 541/07. 10. August 2007, S. 2, 80, abgerufen am 20. September 2010 (PDF; 651 kB). [6] Bundesrat: BR-Drs. 541/07. 10. August 2007, S. 2, abgerufen am 20. September 2010 (PDF; 651 kB).

[7] Bundesrat: BR-Drs. 767/08. 17. Oktober 2008, abgerufen am 20. September 2010 (PDF; 651 kB).

[8] Bundesrat: Stenografischer Bericht. 851. Sitzung. 17. Oktober 2008, S. 410f., abgerufen am 20. September 2010.

[9] Stefanie Vogl: Soziales Versorgungsrecht: „Grad der Schädigungsfolge" bestimmt jetzt den Rentenanspruch. „Versorgungs- medizinische Grundsätze" ersetzen „Anhaltspunkte" – auch bei Feststellung eines Grades der Behinderung. In: SozSich.
2009, S. 353, 356, 357.

[10] BSG: Urteil – B 9 SB 3/02 R. 18. September 2003, abgerufen am 20. September 2010: „Dabei handelt es sich nach der Rechtsprechung um antizipierte Sachverständigengutachten, deren Beachtlichkeit im konkreten Verwaltungs- und Gerichtsverfahren sich zum einen daraus ergibt, dass eine dem allgemeinen Gleichheitssatz entsprechende

Rechtsanwendung nur dann gewährleistet ist, wenn die verschiedenen Behinderungen nach gleichen Maßstäben beurteilt werden; zum anderen stellen die AHP 1996 (ebenso wie ihre Vorgänger) nach den Erfahrungen des BSG ein geeignetes, auf Erfahrungswerten der Versorgungsverwaltung und Erkenntnissen der medizinischen Wissenschaft beruhendes Beurteilungsgefüge zur Ein- schätzung des GdB dar (vgl BSGE 72, 285, 286 f = SozR 3-3870 § 4 Nr 6; BSGE 75, 176, 177 f = SozR 3-3870 § 3 Nr 5; BVerfG SozR 3-3870 § 3 Nr 6). Die AHP wirken insofern normähnlich. Ihre generelle Richtigkeit kann deshalb durch Einzelfallgutachten nicht widerlegt werden. Sie sind allerdings - wie untergesetzliche Rechtsnormen - zu prüfen: auf ihre Vereinbarkeit mit Gesetz und Verfassung, auf Berücksichtigung des gegenwärtigen Kenntnisstandes der sozialmedizini-schen Wissenschaft sowie auf Lücken in Sonderfällen, die wegen der individuellen Verhältnisse gesondert zu beurteilen sind."

Kapitel 12

Schwerbehindertenausweis

Ein Schwerbehindertenausweis ist ein in Deutschland bundeseinheitlicher Nachweis über den Status als schwerbehinderter Mensch, den Grad der Behinderung und weitere gesundheitliche Merkmale, die Voraussetzung für die Inanspruch- nahme von Rechten und Nachteilsausgleichen sind. Der Ausweis wird vom Versorgungsamt bzw. einer anderen nach Landesrecht zuständigen Behörde auf Antrag ausgestellt. Die Gestaltung des Ausweises ist in der Schwerbehinder-   tenausweisverordnung (SchwbAwV) geregelt.[1] Ein Ausweis wird erst ab einem festgestellten Grad der Behinderung (GdB) von 50 ausgestellt.

12.1 Funktion

Der Schwerbehindertenausweis dient als Nachweis der Schwerbehinderung bei der Inanspruchnahme von Rechten und Nachteilsausgleichen, die Menschen mit einer Behinderung per Gesetz oder sonst zustehen, etwa der besondere arbeitsrechtliche Kündigungsschutz, der Anspruch auf den Zusatzurlaub, Vergünstigungen bei der Besteuerung des Einkommens (in Form von Steuerfreibeträgen) oder vergünstigte bzw. unentgeltliche Beförderung mit Bus und Bahn.

Die ausstellende Behörde (z. B. das Versorgungsamt) vermerkt auf dem Schwerbehindertenausweis den festgestell- ten Grad der Behinderung, den Ablauf der Gültigkeit des Ausweises (sofern nicht „unbefristet gültig" bescheinigt ist) sowie weitere gesundheitliche Merkmale in Form von Merkzeichen. Der Grad der Behinderung wird als ganze, auf 10 gerundete Zahl angegeben, die in diesem Fall 50 bis 100 reicht. Darüber hinaus enthält der Ausweis un- ter Umständen auf der Rückseite eine Historie, weist also aus, ab wann einzelne

Feststellungen zum GdB und zu den Nachteilsausgleichsgraden nachgewiesen sind. Zusammen mit dem Ausweis erhält der Schwerbeschädigte ein „Beiblatt", was zur Beantragung einer Kraftfahrzeugsteuervergünstigung oder zum Aufkleben einer Wertmarke zur begünstigten Nutzung des öffentlichen Verkehrs dient. In dem Schwerbehindertenausweis wird im Unterschied zu dem Bescheid, mit dem die Feststellung des Behinde- rungsgrades bekanntgegeben wird (Feststellungsbescheid), nicht angegeben, auf welchen Funktionsstörungen die Behinderung beruht. Ist die Schwerbehinderteneigenschaft nachzuweisen, reicht es, den Ausweis vorzulegen. Die Vorlage des Feststellungsbescheides kann, was manche Arbeitgeber nicht wissen oder nicht beachten, nicht verlangt werden.

12.2 Merkmale und Merkzeichen

Die Grundfarbe des Ausweises ist grün; er weist zusätzlich einen orangefarbenen Flächenaufdruck auf, wenn eines der Merkzeichen „G", „aG", „H", „Bl" oder „Gl" festgestellt wurde. Der Ausweis mit orangefarbenem Flächenauf- druck ermöglicht Behinderten die unentgeltliche Beförderung im öffentlichen Personennahverkehr, wenn zusätzlich eine gültige Wertmarke auf dem „Beiblatt" vorhanden ist. Schwerbehinderte mit den Merkzeichen „G" oder „Gl" können wählen, ob sie die Freifahrten in Anspruch nehmen wollen oder eine Ermäßigung der Kraftfahrzeugsteuer von 50 Prozent. Personen, die außergewöhnlich gehbehindert („aG"), blind („Bl") oder hilflos („H") sind oder deren Schwerbehindertenausweis den Aufdruck „kriegsbeschädigt" aufweist, können sich von der Kraftfahrzeugsteuer be- freien lassen und zusätzlich unentgeltlich den öffentlichen Personennahverkehr nutzen.[2] Die steuerlichen Vorteile sind nur möglich, wenn das zu begünstigende Fahrzeug auf den Namen des oder der Schwerbehinderten zugelassen

KAPITEL 12.
SCHWERBEHINDERTENAUSWEIS

ist. Für eine Beantragung einer Wertmarke, der Steuerermäßigung oder -befeiung muss der Schwerbehindertenaus weis samt Beiblatt bei der Kraftfahrzeugsteuerstelle des für den Halter zuständigen Hauptzollamts vorgelegt werden; auch die örtlichen Zollämter nehmen solche Anträge entgegen.
Für die Freifahrten-Wertmarke ist eine Zuzahlung zu leisten (80,00 € pro Jahr, 40,00 € für ein halbes Jahr). Die Zuzahlung entfällt bei den Merkzeichen „Bl" (Blindheit) und „H" (Hilflosigkeit). Leistungsempfänger nach dem Sozialgesetzbuch (SGB II, SGB VIII, SGB XII), dem Bundesversorgungsgesetz oder dem Bundesentschädigungsgesetz sind ebenfalls von der Zuzahlung befreit.

Ist auf der Vorderseite des Ausweises das Merkzeichen „B" (Begleitperson) nicht gestrichen (nur bei grün/orangem Ausweis), so fährt auch eine beliebige Begleitperson im gesamten Personenverkehr unentgeltlich mit. Das gilt auch, wenn die schwerbehinderte Person keine Wertmarke erworben oder die Kraftfahrzeugsteuerermäßigung in Anspruch genommen hat.

Der Ausweis kann folgende Merkzeichen aufweisen: Außerdem kann auf dem Schwerbeschädigtenausweis „kriegsbeschädigt" aufgedruckt sein, falls eine Kriegsbeschä- digung mindestens vom GdB 50 vorliegt (unabhängig vom Gesamt-GdB). Diese Einstufung hat die gleichen Folgen wie das Merkmal "aG", führt also auch zur kostenlosen Beförderung im öffentlichen Nahverkehr und zur Befreiung von der Kfz-Steuer.[4]

Darüber hinaus haben die Länder Verwaltungsvorschriften über die Bewilligung von Parkerleichterungen für beson- dere Gruppen gehbehinderter Menschen (VwV Parkerleichterungen) zu § 46 Abs. 1 Nr. 11 der StVO erlassen, auf Grund deren dieser Personenkreis eine international gültige Parkkarte erhalten kann, mit der Behindertenparkplätze benutzt werden dürfen und auf öffentlichen Parkplätzen kostenfreies Parken gestattet ist.

Wer das Zeichen „G" und „B" im Ausweis hat und erheblich gehbehindert ist, z. B. durch eine Wirbelsäulen- oder Herzerkrankung, kann einen besonderen Parkausweis erhalten. Er berechtigt nicht zur Benutzung eines Behinder- tenparkplatzes, bietet aber sonstige Erleichterungen, z. B. Parken im eingeschränkten Haltverbot bis drei Stunden.[5] Die Berechtigung gilt nur für das Inland und ist zumeist auf das ausstellende Bundesland beschränkt.

Wer das Zeichen „aG" im Ausweis hat, kann einen Ausweis zur Nutzung von Behindertenparkplätzen beantragen
(blaues Schild mit weißem Rollstuhl).

12.3 Rechtsgrundlage

Rechtsgrundlage für den Schwerbehindertenausweis ist § 69 des SGB IX in Verbindung mit der Schwerbehinder- tenausweisverordnung. Maßgebend für die Bewertung des Grades der Behinderung, die Prüfung, ob die weiteren gesundheitlichen Voraussetzungen für die Feststellung von Nachteilsausgleichen vorliegen, waren bis zum 31. De- zember 2008 die Anhaltspunkte für die ärztliche Gutachtertätigkeit im sozialen Entschädigungsrecht und nach dem Schwerbehindertenrecht.

Auf Grund einer im Dezember 2007 neu geschaffenen Verordnungsermächtigung (in § 30 Abs. 17 BVG) wurden die Anhaltspunkte zum 1. Januar 2009 in die Versorgungsmedizin-Verordnung überführt und sind somit erstmals gesetzlich festgeschrieben worden. Sie sind nun für Verwaltungen und Gerichte rechtlich bindend.

12.4 Aussehen des Ausweises

Der Ausweis wird in Papierform im Format DIN A6 ausgestellt. Für Schwerbehinderte ab einem Alter von zehn Jahren wird er mit einem Lichtbild in Passbildgröße versehen. Er hat die Farben grün und grün/orange (wenn das Merkzeichen B vorhanden ist).

Seit dem 1. Januar 2013 ist der Ausweis auch in Form einer Identifikationskarte verfügbar; ab 2015 wird er nur noch als solche ausgestellt.[6] Die Identifikationskarte entspricht dem ID-1-Format von gängigen Kreditkarten. Bis zum 31. Dezember 2014 ausgestellte Ausweise nach dem alten Muster behalten ihre Gültigkeit bis zum Ablauf ihrer Gültigkeitsdauer, unter Umständen also unbefristet. Sie können auf Wunsch des Betroffenen gegen eine Iden- tifikationskarte eingetauscht werden. Die neuen Ausweise enthalten zusätzlich einen Hinweis in englischer Sprache auf die Schwerbehinderteneigenschaft sowie bei Ausweisen blinder Personen einen Hinweis (Buchstaben sch-b-a) in Brailleschrift.[7] Ein gegebenenfalls dazugehöriges Beiblatt zur Nutzung des ÖPNV wird seit 2013 ebenfalls nur noch im neuen Format ausgestellt. Das zur Identifikationskarte passende – kleinere – Format kann bei Bedarf von dem entsprechend perforierten Beiblatt abgetrennt werden. Um Fälschungen zu erschweren, ist es nunmehr mit einem Kinegramm-Aufdruck versehen.

12.5 Realityfilm.de

Verordnung zur Durchführung des § 1 Abs. 1 und 3, des § 30 Abs. 1 und des § 35 Abs. 1 des Bundesversor- gungsgesetzes (Versorgungsmedizin-Verordnung - VersMedV) (Volltext bei juris) Versorgungsmedizin-Verordnung - VersMedV (Volltext, Änderungen, Entwurf, Begründung bei buzer.de)

Anhaltspunkte für die ärztliche Gutachtertätigkeit im sozialen Entschädigungsrecht und nach dem Schwerbehin- dertenrecht - AHP 2008. BMAS, abgerufen am 17. August 2011 (Volltext).

VdK: Grad der Behinderung (GdB) und Grad der Schädigungsfolgen (GdS). Abgerufen am 15. Dezember 2014 (ohne Datum).
handicapnews: Schwerbehindertenausweis - Beantragung und Voraussetzungen. Abgerufen am 15. Dezember
2014 (ohne Datum).

12.6 Einzelnachweise

[1] Schwerbehindertenausweisverordnung (SchwbAwV). Juris, abgerufen am 21. März 2011 (Volltext).
[2] Den Aufdruck „kriegsbeschädigt" erhalten nur Personen, deren Kriegsbeschädigung mit mindestens GdB 50 eingestuft ist. [3] http://hilfe.telekom.de/dlp/eki/downloads/S/Sozia ltarif.pdf
[4] Kfz-Steuer-Gesetz §17

[5] http://www.stadt-koeln.de/buergerservice/themen/auto/parkerleichte rungen-fuer-besondere-gruppen-schwerbehinderter-menschen/ [6] Der neue Schwerbehinderten-Ausweis. Bundesministerium für Arbeit und Soziales, abgerufen am 24. Januar 2014.

[7] http://www.myhandicap.de/schwerbehindertenausw eis-scheckkartenformat-plastikkarte.html

Kapitel 13

Bundesentschädigungsgesetz

Das Bundesentschädigungsgesetz (BEG), genauer das Bundesgesetz zur Entschädigung für Opfer der natio- nalsozialistischen Verfolgung, wurde am 29. Juni 1956 rückwirkend zum 1. Oktober 1953 in der Bundesrepublik Deutschland verabschiedet, nachdem die ursprüngliche Vorlage vom 18. September 1953 keine Berücksichtigung gefunden hatte.

Zahlreiche Einzelbestimmungen waren kompliziert. Ein entscheidendes Kriterium bildete die Wohnsitzvorausset- zung. Antragsberechtigt waren Verfolgte des NS-Regimes, die bis zum 31. Dezember 1952 (bisher 1. Januar 1947) ihren Wohnsitz in der Bundesrepublik Deutschland oder West-Berlin hatten, oder die vor ihrem Tod oder ihrer Aus- wanderung dort gelebt hatten.
Damit waren alle Verfolgte aus dem Ausland von der Entschädigung ausgeschlossen. Problematisch war auch die gesetzte Antragsfrist vom 1. Oktober 1957. Die Verfolgten waren weltweit verstreut und es war für sie schwierig, schnell genug an die notwendigen Unterlagen heranzukommen.
Ebenso von Entschädigungen ausgeschlossen waren alle sogenannten Asozialen sowie ein Großteil der Sinti und Roma. Der Bundesgerichtshof schrieb in seinem Urteil vom 7. Januar 1956 (AZ IV ZR 211/55), Sinti und Roma seien aufgrund ihrer „asozialen"[1] Eigenschaften und nicht aus rassischen Gründen verfolgt worden.

Kommunisten konnten als angebliche Feinde der „freiheitlich-demokratischen Grundordnung" keine Entschädigungs- zahlungen erhalten. Da Homosexualität in der Bundesrepublik Deutschland noch bis 1973 ein Straftatbestand war (§ 175), wurden auch an die aus diesem Grund Verfolgten keine Zahlungen getätigt. Viele Verfolgte unterließen einen Entschädigungsantrag auch aus Angst, durch das Entschädigungsverfahren Erinnerungen an die im Konzentrationslager erlittenen Qualen erneut durchleben zu müssen. Andere wollten deutschen Behörden gegenüber nicht als Bettler auftreten oder sich auf die ehemaligen Verfolger einlassen.

13.1 Entwicklung des BEG

Am 26. April 1949 wurde als zoneneinheitliches Gesetz vom Süddeutschen Länderrat (1946–1949) das „Gesetz zur Wiedergutmachung nationalsozialistischen Unrechts" erlassen, das im August durch besondere Landesgesetze in Bayern, Bremen, Baden-Württemberg und Hessen verkündet wurde. Diese Landesgesetze wurden nach Errichtung der Bundesrepublik Deutschland und nach Inkrafttreten des Grundgesetzes gemäß Art. 125 GG als Bundesrecht übernommen. In den Ländern der britischen und der französischen Besatzungszone sowie in Berlin (West) ergingen nun entsprechende Gesetze, die grundsätzlich die gleichen Schadensarten regelten wie das Entschädigungsgesetz.

Der erste Deutsche Bundestag (1949–1953) ließ sich Zeit bei der Vereinheitlichung eines Entschädigungsrechts im Bundesgebiet. Die Verhandlungen blieben jahrelang in der Frage der Kompetenz- und Kostenverteilung zwischen Bund und Ländern stecken. 1951 wurden offizielle Regierungsgespräche zwischen der Bundesrepublik und Israel eingeleitet. Als dritter Partner kam die New Yorker „Conference on Jewish Material Claims against Germany" hinzu, ein Dachverband der wichtigsten jüdischen Organisationen, der in den Verhandlungen die außerhalb Israels lebenden Juden vertrat. Die Verhandlungen, die in Wassenaar bei Den Haag geführt wurden und im September 1952 in das Luxemburger Abkommen mündeten, bilden einen Markstein in der Wiedergutmachungsgeschichte. Konrad Adenauer (CDU) erklärte das Israel-Abkommen zur Chefsache. Er setzte sich mit Hilfe der SPD-Bundestagsfraktion gegen die Widerstände durch, die sich im Bundeskabinett, in der Regierungskoalition und in Teilen der Presse regten. Die Gegner argumentierten mit den Kosten einer solchen gesetzlichen Regelung.

13.1.1 Die deutsche Nachkriegsgesellschaft

Nach dem „Schock der ersten Stunde", in der die nationalsozialistischen Verbrechen gegen die Menschlichkeit in das Blickfeld der Öffentlichkeit gelangten, ließ die Bereitschaft, politische und moralische Verantwortung zu überneh- men, nach. Im Bewusstsein der deutschen Nachkriegsgesellschaft wurde den Opfern ein eher unbedeutender Platz zugewiesen. Vor dem Hintergrund des Wiederaufbaus, des kalten Krieges und schließlich des eigenen, während des Krieges und danach erfahrenen Leids, begannen viele Deutsche, sich selbst als Opfer zu sehen. Auch änderte sich das Bild vom Nationalsozialismus. Die Betonung des manipulativen und terroristischen Charakters des NS-Staates und die Sicht auf einen dämonisierten Adolf Hitler half, eine Mitschuld an den NS-Verbrechen zu verdrängen. Man begann, das eigene Leid mit der Verfolgung der NS-Opfer aufzurechnen – das Klischee von wohlversorgten NS-Opfern wurde zu einer Art politischer Mythos – und einhergehend mit der Integration ehemaliger NS-Funktionäre in die deutsche Nachkriegsgesellschaft wurden nicht die Täter, sondern die Opfer als eine Belastung für die neue Gesellschaft empfunden. „Was soll man tun, wenn ein ganzes Volk bockt", soll der engagierte Befürworter der Ent- schädigungsgesetze und ehemalige Verhandlungsführer beim Luxemburger Abkommen, Franz Böhm (CDU), gesagt haben.

Die Wiedergutmachung war zwar in der Bevölkerung unpopulär, hatte aber offenbar keine negativen Auswirkungen auf das Wählerverhalten. Böhm kandidierte 1953 und 1957 in einem Frankfurter Wahlkreis, der für seine Partei sehr gefährdet war, und gewann beide Male das Mandat.

Auf der anderen Seite versuchten Spitzenpolitiker wie der Bundesfinanzminister Fritz Schäffer (CSU), Stimmen gegen die Wiedergutmachungsregelung zu sammeln. Den Höhepunkt seiner Kampagne stellte eine Rede auf einer CSU- Veranstaltung in Plattling im Dezember 1957 dar, als er schon nicht mehr das Amt des Finanzministers bekleidete. Da behauptete er u. a., die Wiedergutmachung erschüttere die Stabilität der Deutschen Mark. In der Presse wurde dieser Ausfall aufs Schärfste verurteilt; das Bundeskabinett distanzierte sich, einschließlich seines Nachfolgers im Finanzressort.

Die Sicht auf die Opfer des NS-Regimes war nicht einheitlich. Während die Entschädigung von Juden und politisch Verfolgten trotz finanzieller Bedenken in der Öffentlichkeit eher zustimmend angenommen wurde, war die Akzeptanz solcher Verfolgtengruppen wie z. B. „Zigeuner" und Zwangssterilisierte wesentlich geringer. Auch verschob sich während des Kalten Krieges die Einstellung zu politisch Verfolgten vom kommunistisch-sozialistischen Widerstand auf den konservativ-militärischen. Personen, die nach 1945 der Kommunistischen Partei Deutschlands angehörten, wurde die Entschädigung wieder entzogen.[4]

13.1.2 Bundesergänzungsgesetz 1953

Das erste bundeseinheitliche Entschädigungsgesetz von 1953, das so genannte Bundesergänzungsgesetz, das noch kurz vor Ende der Legislaturperiode des ersten Deutschen Bundestages beschlossen wurde, legte in 113 Paragraphen die zu entschädigenden Personengruppen, die zu berücksichtigenden Schadensbestände, die Befriedigung der Entschädigungsansprüche und die zuständigen Behörden und Verfahrensvorschriften fest. Dieses Gesetz wurde drei Jahre später durch das Bundesentschädigungsgesetz von 1956 abgelöst.

Das BEG erweiterte den Kreis der Anspruchsberechtigten auf juristische Personen sowie Künstler und Wissenschaft- ler, Hinterbliebene von ermordeten Verfolgten, irrtümlich Verfolgte und Personen, die verfolgt worden waren, weil sie einem Verfolgten nahestanden. Neben einem Wohnsitz in der BRD wurde nun auch ein ehemaliger Wohnsitz in den Gebieten anerkannt, die am 31. Dezember 1937 zum Deutschen Reich gehört hatten. Auch Sonderregelungen für Heimkehrer, Vertriebene, Flüchtlinge aus der Sowjetischen Besatzungszone und so genannte Displaced Persons wurden aufgenommen.

13.1.3 BEG-Schlussgesetz 1965

1965 wurde das BEG zum BEG-Schlussgesetz erweitert. Dabei konnte durch eine Regelung der Wiedereinsetzung in den vorherigen Stand der Antragsteller, hatte er ohne eigens Verschulden die Frist zum 1. April 1958 nicht einge- halten, weiter seine Ansprüche anmelden. Mit dem Gesetz wurde aber auch endgültig bestimmt, dass nach dem 31. Dezember 1969 – auch bei Wiedereinsetzung in den vorigen Stand – keine Anträge mehr angenommen werden konn- ten. Deshalb besteht heute keine Möglichkeit mehr, neue Ansprüche auf Entschädigungsleistungen nach dem BEG

KAPITEL 13.
BUNDESENTSCHÄDIGUNGSGESETZ

geltend zu machen. Unter bestimmten Umständen sind allerdings noch Verschlimmerungsanträge und die Feststellung von sogenannten Spätschäden möglich. Ergänzt wurde das BEG im Laufe der Jahrzehnte durch Sonderregelungen.

Im November 2010 wies Frank Schneider, Präsident der Deutschen Gesellschaft für Psychiatrie, Psychotherapie und Nervenheilkunde, in einer Rede zur Aufarbeitung der Verbrechen an psychisch Kranken und geistig Behinder- ten im Nationalsozialismus darauf hin, dass das Bundesentschädigungsgesetz von 1965 weiter Bestand hat und die zwangssterilisierten und ermordeten psychisch kranken Menschen daher bis heute nicht explizit als Opfer des NS- Regimes und als Verfolgte aus rassischen Gründen anerkannt sind. Er verlangte, dieses Unrecht aufzuheben und das fortdauernde Leid und das Schicksal dieser Opfer auch von Seiten des deutschen Staates angemessen zu würdigen.[5]

2012 wurden nach Auskunft der Deutschen Bundesregierung noch rund 53.000 Renten mit rentenrechtlichen Zeiten auf Grund von NS-Verfolgung gezahlt, wovon rund 8.000 auf im Inland ansässige Personen und etwa 45.000 auf im Ausland ansässige Personen entfallen.[6]

Am 8. April 2015 wurde die Verordnung zur Änderung von Rechtsvorschriften zur Durchführung des Bundesent- schädigungsgesetzes vom 1. April 2015 verkündet (BGBl. I S. 421).

13.2 Literatur

Bundesministerium der Finanzen, in Zusammenarbeit mit Walter Schwarz (Hrsg.): Die Wiedergutmachung nationalsozialistischen Unrechts durch die Bundesrepublik Deutschland. 6 Bde. München 1973 ff.

Klaus Barwig, Günter Saathoff, Nicole Weyde (Hrsg.): Entschädigung für NS-Zwangsarbeit, Rechtliche, histo- rische und politische Aspekte. Baden-Baden 1998 ISBN 3-7890-5687-1

Hermann-Josef Brodesser u. a.: Wiedergutmachung und Kriegsfolgenliquidation. Geschichte, Regelungen, Zah- lungen. München 2000. ISBN 3-406-31455-4

Constantin Goschler, Ludolf Herbst (Hrsg.): Wiedergutmachung in der Bundesrepublik Deutschland. Schriften- reihe der Vierteljahrshefte für Zeitgeschichte. Sondernummer. Oldenbourg, München 1989 ISSN 0506-9408

Hans Günter Hockerts: Wiedergutmachung in Deutschland. Eine historische Bilanz 1945–2000, in: Viertel- jahrshefte für Zeitgeschichte. Jg. 49. H. 2, München 2001 ISSN 0506-9408 S. 169–214

Gestern kein Recht, heute keine Gerechtigkeit? Der lange Weg zur Entschädigung von NS-Unrecht. Hörbuch. LWL-Medienzentrum und Villa ten Hompel, 2011 ISBN 978-3-939974-20-8 (2 CDs)

13.3 Realityfilm.de

Text des Bundesentschädigungsgesetzes

Georg Arnold, Senad Hadzic: Das Bundesentschädigungsgesetz (BEG); in: Shoa.de, Zukunft braucht Erinne- rung.

BEG-Schlussgesetz

Broschüre des Bundesministeriums der Finanzen zur Entschädigung von NS-Unrecht Overview over the compensation regulations under the BEG, Restitution Office, Saarburg

Les modalités d'indemnisation prescrites par la loi fédérale relative à l'indemnisation des victimes des persé- cutions nazies (BEG), L'organisme d'indemnisation de Saarburg Entschädigungsbehörden der Länder (Anschriften)

IGH Urteil: Deutschland muss keine Entschädigung für Kriegsopfer zahlen

13.4. EINZELNACHWEISE

13.4 Einzelnachweise

[1] wörtlich im Urteil

[2] Der BGH verdrehte vorsätzlich die Tatsachen und behauptete, die Deportation der Sinti und Roma sei ab dem 1. März 1943 zu datieren. Daher gibt es keine Entschädigung für Überlebende bzw. Erben. Tatsächlich hatte Heinrich Himmler die Deportation jedoch 1940 angeordnet und exekutieren lassen, was im Jahr 1956 als historische Tatsache breit belegt war.

Der BGH würzte sein Urteil, neben dieser formalen Begründung, zusätzlich mit Beleidigungen: Die Opfer sind laut BGH an ihrer Deportation selbst schuld „durch Kriminalität und Wandertrieb", sie neigen „zu Diebstählen und Betrügereien"; ihnen fehlen „vielfach die sittlichen Antriebe der Achtung vor dem Eigentum", ein „ungehemmter Okkupationstrieb" ist ihnen " wie primitiven Urmenschen … zu eigen".

Die Verfolgung und Ermordung der Sinti und Roma ist laut BGH eine der „üblichen polizeilichen Präventivmaßnahmen" gegen die „Zigeunerplage". Als Beleg und wörtliche Zitatquelle dient ein NS-Kommentar zum Blutschutzgesetz und Ehegesundheitsgesetz, 1. Durchführungsverordnung, von Franz Maßfelder, Herbert Linden und Arthur Gütt, vom 14. November 1935. Lehmanns, München 1936. Da Maßfelder, Teilnehmer der

Wannseekonferenz, inzwischen zum Ministerialrat in Bonn aufgestiegen war, konnten sie sich ideologisch auf der sicheren

Seite fühlen. Der erkennenden Kammer gehörte auch Walther Ascher, ein vormaliger Emigrant, an, er war sogar feder-

führend, das heißt die Urteilsbegründung stammt inhaltlich von ihm. Vgl. zum ganzen Komplex: Ingo Müller, Furchtbare

Juristen. Kindler, München 1987; wieder Tiamat, Berlin 2014 ISBN 3-89320-179-3; sowie Klaus-Detlev Godau-Schüttke.

Das Urteil von 1956 ist bis dato (2016) nicht aufgehoben.

[3] bundesentschädigungsgesetz (1956). Wollheim Memorial, abgerufen am 12. Juni 2015.

[4] Protokoll der Bundestagssitzung vom 8. Mai 2008, Entschädigung für Opfer der NS-Verfolgung (PDF; 2,1 MB) abgerufen am 30. Mai 2010

[5] Psychiatrie im Nationalsozialismus – Erinnerung und Verantwortung. Deutsche Gesellschaft für Psychiatrie, Psychotherapie und Nervenheilkunde, 26. November 2010, abgerufen am 30. Januar 2011.

[6] Deutscher Bundestag: Renten und Leistungen für NS-Opfer im Ausland steuerfrei (PDF; 144 kB)

Anhaltspunkte für die ärztliche Gutachtertätigkeit im sozialen Entschädigungsrecht und nach dem Schwerbehindertenrecht

Die Anhaltspunkte für die ärztliche Gutachtertätigkeit im sozialen Entschädigungsrecht und nach dem Schwer- behindertenrecht, kurz AHP genannt, waren ein Katalog von Begutachtungsrichtlinien, um in der Bundesrepublik Deutschland eine gleichmäßige Beurteilung von Behinderungen sicherzustellen. Die AHP waren vom Ärztlichen Sach- verständigenbeirat – Sektion Versorgungsmedizin beim Bundesgesundheitsministerium erarbeitet und in regelmäßi- gen Sitzungen fortgeschrieben worden. Zum 1. Januar 2009 übernahm die Anlage zu § 2 der Versorgungsmedizin- Verordnung (VersMedV) die Funktion der AHP.

14.1 Inhalt

Die AHP definierten die Grundlagen zur Erstellung von Gutachten im sozialen Entschädigungs- und Schwerbehindertenrecht („antizipierte Sachverständigengutachten"). Das bedeutet, dass die in den Anhaltspunkten enthaltenen Vorgaben im Einzelfall nicht widerlegt werden können. Gegen eine Begutachtung auf der Grundlage der AHP konnte nur vorge- gangen werden, indem man geltend machte, dass sie nicht mit dem allgemeinen anerkannten Stand der medizinischen Wissenschaft zu vereinbaren, also dass sie veraltet seien.[1] In ihnen fanden sich allgemeine Beurteilungskriterien (z. B. die Einschränkung werden beurteilt, nicht die Krankheit) Fallgruppen-Tabellen mit dem Grad der Behinderung (GdB) Bedingungen für die Zuordnung der Merkzeichen 'G', 'aG', 'H', 'B', 'RF', 'Bl' und 'Gl' Besonderheiten zur Beurteilung von Kindern und Jugendlichen Aussagen zu den Besonderheiten des 'Schwerbehindertenrechts' bzw. des 'Sozialen Entschädigungsrechts'

14.2 Entwicklung

Die ersten AHP wurden 1920 [2] zur gleichmäßigen Beurteilung von verletzten Heeresangehörigen nach dem Ers- ten Weltkrieg erstellt („Anhaltspunkte für die militärärztliche Beurteilung der Frage der Dienstbeschädigung oder Kriegsbeschädigung bei den häufigsten psychischen und nervösen Erkrankungen der Heeresangehörigen"). Sie wurden seitdem in ihrem Wirkungsbereich ausgeweitet und regelmäßig überarbeitet, die letzte Aktualisierung geschah
2004. In die Überarbeitungen flossen neben neuen medizinischen Erkenntnissen auch die Veränderungen der Rechts- grundlagen und der Rechtsprechung ein.

14.3. KRITIK

Es gab - trotz entsprechender Forderung der Rechtsprechung - keine gesetzliche Grundlage für die AHP. Dar- auf hat der Gesetzgeber bei der Reform des Entschädigungsrechts im Dezember 2007 reagiert und mit dem neu angefügten § 30 Abs. 17 BVG eine materiellrechtliche Grundlage geschaffen. Das Bundesministerium für Arbeit und Soziales wird danach ermächtigt, die Grundsätze zur medizinischen Bewertung von Schädigungsfolgen und für die Feststellung des Grades der Schädigungsfolgen durch Rechtsverordnung zu regeln. Das ist mittlerweile gesche- hen (Versorgungsmedizin-Verordnung). Die AHP wurden trotz der Bedenken in Rechtsprechung und Schrifttum allgemein angewandt.

14.4 Realityfilm.de

Anhaltspunkte für die ärztliche Gutachtertätigkeit im sozialen Entschädigungsrecht und nach dem Schwerbehin- dertenrecht - AHP 2008. BMAS, abgerufen am 20. September 2010.

Verordnung zur Durchführung des § 1 Abs. 1 und 3, des § 30 Abs. 1 und des § 35 Abs. 1 des Bundesversor- gungsgesetzes (VersMedV). Juris, abgerufen am 18. Januar 2011 (Volltext).

14.5 Einzelnachweise

[1] BSG: Urteil – B 9 SB 3/02 R. 18. September 2003, abgerufen am 20. September 2010.

[2] Dierk F. Hollo, Marcus Schiltenwolf, Klaus Dieter Thomann: Entschädigung im Sozialrecht: Was ist ein Bein wert?. In: Deutsches Ärzteblatt. Jahrgang 112 Heft 12, 20. März 2015 (Online, abgerufen am 20. März 2015).

[3] BVerfG: Beschluss vom 6. März 1995 – 1 BvR 60/95. In: NJW. 1995, S. 3049.

[4] BSG: Urteil – B 9 SB 3/02 R. 18. September 2003, abgerufen am 20. September 2010.

[5] Gerhard Igl, Felix Welti: Sozialrecht. 8. Auflage. Werner Verlag, Neuwied 2007, ISBN 978-3-8041-4196-4 (§ 73 Rn. 3 m.w.N.).

Sozialgericht

Das Sozialgericht (SG) ist das Gericht erster Instanz innerhalb der deutschen Sozialgerichtsbarkeit. Seine Zustän- digkeit bestimmt sich nach dem Sozialgerichtsgesetz (SGG).

Die Gerichte der Sozialgerichtsbarkeit sind nach § 51 SGG funktionell zuständig für Entscheidungen in öffentlich- rechtlichen Streitigkeiten.

in Angelegenheiten der Sozialversicherung in ihren verschiedenen Zweigen (Renten-, Kranken-, Unfall- und Pflegeversicherung) sowie der privaten Pflegeversicherung und der Arbeitsförderung einschließlich der sons- tigen Aufgaben der Bundesagentur für Arbeit, in Angelegenheiten der Grundsicherung für Arbeitsuchende (Arbeitslosengeld II), in Angelegenheiten des sozialen Entschädigungsrechts (Ausnahme: Kriegsopferfürsorge) seit dem 1. Januar 2005 in Angelegenheiten der Sozialhilfe und des Asylbewerberleistungsrechts, bei der Feststellung von Behinderungen und bei anderen Feststellungen nach § 69 SGB IX, die aufgrund des Lohnfortzahlungsgesetzes entstehen und für die durch Gesetz der Rechtsweg zu den Gerichten der Sozialgerichtsbarkeit besonders eröffnet worden ist (z. B. § 73 Abs. 2 SGB XI: Klage gegen die Ablehnung eines Versorgungsvertrages – d. i. die Zulassung einer Pflegeeinrichtung oder eines Pflegedienstes zur Versorgung – durch die Landesverbände der Pflegekassen).

Eine Ausnahme bestand für das Land Bremen. Dort wurde befristet bis zum 31. Dezember 2008 in Angelegenheiten der Sozialhilfe und des Asylbewerberleistungsgesetzes sowie der Grundsicherung für Arbeitsuchende die Sozialgerichtsbarkeit durch besondere Spruchkörper des Verwaltungsgerichts und des Oberverwaltungsgerichts ausgeübt. Die übrigen Länder (einschließlich Niedersachsen, das mit Bremen ein gemeinsames Landessozialgericht unterhält) haben von dieser Option des § 50a SGG keinen Gebrauch gemacht.

Darüber hinaus sind die Gerichte der Sozialgerichtsbarkeit funktionell zuständig für Entscheidungen in privatrechtlichen Streitigkeiten in Angelegenheiten der gesetzlichen Kranken-, der sozialen und der privaten Pflegeversicherung.

Sachlich zuständig ist das Sozialgericht für Entscheidungen aller Streitigkeiten im ersten Rechtszug (in erster Instanz), für die die Gerichte der Sozialgerichtsbarkeit funktionell zuständig sind (§ 8 SGG).

Die örtliche Zuständigkeit bestimmt sich nach dem Wohnsitz bzw. Aufenthaltsort oder Beschäftigungsort des Klä- gers. Klagt eine Körperschaft oder Anstalt des öffentlichen Rechts oder ein Unternehmen der privaten Pflegeversicherung oder hat ein Kläger seinen Wohnsitz im Ausland und keinen Beschäftigungsort im Inland (denkbar etwa bei Rentnern), ist abweichend von der allgemeinen Regel für die örtliche Zuständigkeit der

Sitz der oder des Beklagten ausschlaggebend (§ 57 SGG).

In unaufschiebbaren Angelegenheiten, etwa bei zwingend notwendiger sofortigen Heilbehandlung, deren Kosten- übernahme die Krankenkasse ablehnt, oder bei Mittellosigkeit eines Rentners im Ausland wegen ausbleibender Ren- tenzahlungen, kann Antrag auf Erlass einer 'Einstweiligen Anordnung' gestellt werden. Die darauf stattgebende An- ordnung, wenn sie erteilt wird, nimmt die Entscheidung in der Hauptsache jedoch keinesfalls voraus. Der Antrag wegen Eilbedürftigkeit ist formlos schriftlich oder mündlich zu Protokoll der Geschäftsstelle zu stellen.

Die Spruchkörper des Sozialgerichts (Kammern) sind regelmäßig mit einem Berufsrichter und zwei ehrenamtlichen Richtern besetzt (§ 12 SGG). Nach dem Sozialgerichtsgesetz sind jeweils besondere Kammern für die Angele- genheiten der Sozialversicherung, der Arbeitsförderung, für das Recht der schwerbehinderten Menschen, das so- ziale Entschädigungsrecht (Kriegsopferversorgung, Soldatenversorgung, Opferentschädigung u. ä.), Kassenarztrecht (Streitigkeiten zwischen Krankenkassen und Vertragsärzten, Psychotherapeuten und Vertragszahnärzten sowie deren Vereinigungen) zu bilden (§ 10 SGG). Der vorsitzende Berufsrichter kann einfach gelagerte Fälle im schriftlichen Verfahren durch Gerichtsbescheid allein entscheiden, der in seiner Wirkung einem Urteil gleichsteht (§ 105 SGG)

Die Verfahrensvorschriften ähneln im Übrigen sehr stark denen der Verwaltungsgerichtsordnung, sind aber allgemein gesprochen etwas klägerfreundlicher ausgestaltet.

So gilt der Amtsermittlungsgrundsatz (kein Beibringungsgrundsatz wie im Zivilprozess). Es besteht kein Vertretungs- zwang. Das Verfahren ist für Versicherte, Sozialleistungsempfänger sowie für behinderte Menschen und solche, die im Fall des Obsiegens als solche anzusehen wären, gerichtskostenfrei (§ 183 SGG).

Unter den Unterschieden zum Verfahren vor den Gerichten der Verwaltungsgerichtsbarkeit ist die dem Kläger ge gebene Möglichkeit hervorzuheben, sich – allerdings gegebenenfalls nach Bestimmung des Vorsitzenden auf eigene Kosten – von einem Arzt seiner Wahl begutachten zu lassen (§ 109 SGG). Außerdem können – und werden in der Praxis – verschiedene Klagearten kombiniert werden (§ 54 SGG).

Weiter bestehen kleinere Unterschiede in der Verfahrensbeendigung.

Anders als die Verwaltungsgerichte fällen die Sozialgerichte in der Regel sogenannte Stuhlurteile, das Urteil wird also unmittelbar in der Sitzung verkündet.

Außerdem werden die meisten Leistungsurteile, d.h. Urteile, die die Behörden zur Leistung verpflichten, nur dem Grunde nach gefällt (§ 130 Abs. 1 S. 1 SGG). Damit ist gemeint, dass die Höhe der Leistung nicht vom Gericht errechnet wird, sondern von dem jeweiligen Leistungsträger.

Gegen Urteile des Sozialgerichts findet regelmäßig die Berufung zum Landessozialgericht statt. Für Urteile mit einem Streitwert unter 750 Euro gilt dies nur, wenn das Sozialgericht die Berufung zulässt. In bestimmten Fällen ist die Sprungrevision zum Bundessozialgericht möglich.

Die Arbeitsbelastung der Sozialgerichte ist durch die Einführung des Arbeitslosengeldes II („Hartz IV") zum 1. Januar 2005 erheblich angestiegen. Dies hat bundesweit mit Ausnahme von Bremen zu einer erheblichen personellen Verstärkung der Sozialgerichte, allerdings größtenteils nur im Richterbereich, nicht im Bereich der Geschäftsstellen, geführt. Da diese jedoch bei Weitem nicht ausreicht, ist mit einer weiteren Verlängerung der Verfahrensdauern zu rechnen. Parallel dazu wird der Zugang zur Sozialgerichtsbarkeit zunehmend erschwert, etwa wurde die oben genannte Bagatellgrenze für Berufungen von 500 auf 750 Euro erhöht.
Berufungs- und Beschwerdeinstanz des Sozialgerichts ist regelmäßig das Landessozialgericht. Revisionsgericht ist das Bundessozialgericht mit Sitz in Kassel.

15.2 Realityfilm.de

Sozialgerichtsbarkeit in Deutschland
Grundzüge des sozialgerichtlichen Verfahrens

Gleichstellung mit schwerbehinderten Menschen

Durch eine Gleichstellung mit schwerbehinderten Menschen, die in Deutschland aufgrund einer Entscheidung der Arbeitsagentur erfolgt, können behinderte Menschen mit einem Grad der Behinderung (GdB) von 30 oder 40 bestimmte Rechte erhalten, die grundsätzlich erst ab einem GdB von 50 bestehen.
Diese Gleichstellung erfolgt nur auf Antrag und bei Vorliegen der gesetzlichen Voraussetzungen nach § 2 Abs. 3
SGB IX. Demnach können Menschen mit einem GdB von weniger als 50, aber mindestens 30, mit schwerbehinderten
Menschen (also Menschen mit einem Grad der Behinderung von mindestens 50) gleichgestellt werden. Voraussetzung
dafür ist, dass sie ohne diese Gleichstellung ihren Arbeitsplatz nicht behalten können oder dass sie die Gleichstellung
zur Erlangung eines neuen, geeigneten Arbeitsplatzes benötigen.

16.1 Zuständigkeit

Während der GdB vom Versorgungsamt festgestellt wird, ist für die Erteilung der Gleichstellung mit schwerbe- hinderten Menschen die örtliche Agentur für Arbeit (AA) zuständig. Dabei ist die AA an die Feststellungen des Versorgungsamtes gebunden und führt keine eigenen medizinischen Untersuchungen durch. Über die Gleichstel- lung entscheidet die AA auf Antrag per Bescheid. Wird die Gleichstellung abgelehnt, entscheidet in einem etwaigen Widerspruchsverfahren der Widerspruchsausschuss nach § 120 SGB IX bei der örtlich zuständigen Regionaldirek- tion der Bundesagentur für Arbeit. Wird dem Widerspruch nicht (vollständig) abgeholfen, ist der Rechtsweg zur Sozialgerichtsbarkeit gegeben.

16.2 Zweck der Gleichstellung

16.2.1 Gleichstellung bei Beschäftigten

Während schwerbehinderte Menschen einen erweiterten Kündigungsschutz genießen (bei einer Kündigung bedarf es gemäß § 85 SGB IX der Zustimmung des Integrationsamtes), ist dies bei minderbehinderten Menschen (solche mit einem GdB von unter 50) nicht der Fall. Sofern ein sozialversicherungspflichtig Beschäftigter mit einem GdB von 30 oder 40 behinderungsbedingt von einer Kündigung bedroht ist, kann er daher unter Umständen mit schwerbehinder- ten Menschen gleichgestellt werden. Durch die Gleichstellung benötigt der Arbeitgeber auch für die Kündigung eines Arbeitsverhältnisses mit einem minderbehinderten Menschen die Zustimmung des Integrationsamtes. Eine Gleich- stellung bewirkt

gemäß § 68 SGB IX jedoch nicht, dass der Gleichgestellte den für schwerbehinderte Menschen nach
§ 125 SGB IX vorgesehenen Zusatzurlaub erhält. Die Gleichstellung wirkt grundsätzlich auf das Datum der Antrag- stellung zurück. Nach der aktuellen Rechtsprechung des Bundesarbeitsgerichtes bedarf es bei der Kündigung eines Gleichgestellten jedoch nicht der Zustimmung des Integrationsamtes, wenn die Gleichstellung nicht mindestens drei Wochen vor der Kündigung beantragt wurde [1] .
Das hessische Landessozialgericht entschied am 19. Juni 2013, dass eine Gleichstellung auch dann beantragt werden kann, wenn eine angestellte Person im öffentlichen Dienst ohne die Gleichstellung nicht verbeamtet werden könnte.

16.2.2 Gleichstellung bei Arbeitslosen

Arbeitslose minderbehinderte Menschen mit einem GdB von mindestens 30 können gleichgestellt werden, wenn sie zur Erlangung eines Arbeitsplatzes die Gleichstellung benötigen. So kann die Einstellungschance eines Gleichge- stellten höher sein, wenn der potentielle Arbeitgeber die Schwerbehindertenquote nach § 71 SGB IX, auf die auch Gleichgestellte angerechnet werden, nicht erfüllt. Andererseits kann eine Gleichstellung auch negative Auswirkun- gen auf die Einstellungschancen haben, wenn der Arbeitgeber den erweiterten Kündigungsschutz des Gleichgestellten scheut. Daher kann es sinnvoll sein, wenn durch die Agentur für Arbeit zunächst eine Zusicherung erteilt wird, wo- nach die Gleichstellung dann erfolgen wird, wenn ein Arbeitgeber diese für die Einstellung wünscht.[3] So muss in einem Vorstellungsgespräch die erteilte Zusicherung im Gegensatz zur Gleichstellung auf Nachfrage nicht offenbart werden. Gemäß Urteil vom 16. Februar 2012 6A2R553/10 (behinderungsbedingte Diskriminierung) dürfen Arbeit- geber in den ersten sechs Monaten einen Stellenbewerber nicht nach seiner Behinderung fragen. Insofern entfaltet die Zusicherung auch keine konstitutive Wirkung. Das aber ist wichtig bei der Einstellungsprüfung öffentlicher Ar- beitgeber.

16.3 Einzelnachweise

[1] BAG, 2 AZR 217/06
[2] Hessisches LSG, 19. Juni 2013, AZ L 6 AL 116/12 [3] Hessisches LSG, L 7 AL 61/06

Behindertengleichstellungsgesetz (Deutschland)

Das Behindertengleichstellungsgesetz (BGG) soll eine Benachteiligung von Menschen mit Behinderungen besei- tigen bzw. verhindern sowie die gleichberechtigte Teilhabe von Menschen mit Behinderungen am Leben in der Ge- sellschaft gewährleisten und ihnen eine selbstbestimmte Lebensführung ermöglichen. (§ 1 BGG)

Das Gesetz gilt vorrangig für Träger öffentlicher Gewalt auf Bundesebene. Zur Umsetzung der

gleichen Inhalte auf Länderebene werden jeweils landeseigene Landesgleichstellungsgesetze erstellt. Diese Landesgleichstellungsgesetze enthalten jedoch teilweise andere Intentionen und Anforderungen. Das BGG formuliert insbesondere ein Benachteiligungsverbot für Träger öffentlicher Gewalt (§ 7 BGG)
Herstellung von Barrierefreiheit in den Bereichen Bau und Verkehr (§ 8 BGG)
Recht auf Verwendung von Gebärdensprache und anderen Kommunikationshilfen (§ 9 BGG)
Bestimmungen zur Gestaltung von Bescheiden und Vordrucken (§ 10 BGG)
Bestimmungen für eine barrierefreie Informationstechnik (§ 11 BGG)

Ein wesentliches Instrument zur Anwendung dieses Gesetzes sind die „Zielvereinbarungen". Soweit nicht besondere gesetzliche oder verordnungsrechtliche Vorschriften dem entgegenstehen, sollen zur Herstellung der Barrierefreiheit Zielvereinbarungen zwischen Verbänden, die nach § 13 Abs. 3 BGG anerkannt sind (z. B. Behindertenorganisationen), und Unternehmen oder Unternehmensverbänden der verschiedenen Wirtschaftsbranchen für ihren jeweiligen sach- lichen und räumlichen Organisations- oder Tätigkeitsbereich getroffen werden. Die anerkannten Verbände können die Aufnahme von Verhandlungen über Zielvereinbarungen verlangen. Diese "Zielvereinbarungen zur Herstellung von Barrierefreiheit" sollen insbesondere

1. die Bestimmung der Vereinbarungspartner und sonstige Regelungen zum Geltungsbereich und zur Geltungs- dauer,
2. die Festlegung von Mindestbedingungen darüber, wie gestaltete Lebensbereiche (im Sinne von § 4 BGG) künftig zu verändern sind, um dem Anspruch behinderter Menschen auf Zugang und Nutzung zu genügen,
3. den Zeitpunkt oder einen Zeitplan zur Erfüllung der festgelegten Mindestbedingungen

und können ferner auch eine Vertragsstrafenabrede für den Fall der Nichterfüllung oder des Verzugs enthalten. Besonders hervorgehoben werden in dem Gesetz

Behinderte Frauen (§ 2 BGG) und die Gebärdensprache und andere Kommunikationshilfen (§ 6 BGG).

KAPITEL 17.
BEHINDERTENGLEICHSTELLUNGSGESETZ
(DEUTSCHLAND)

17.1 Realityfilm.de

Rehabilitation

Rehabilitation oder Rehabilitierung (mittellat.: rehabilitatio, „Wiederherstellung") bezeichnet die Bestrebung oder ihren Erfolg, einen Menschen wieder in seinen vormals existierenden körperlichen Zustand zu versetzen (medizinische Rehabilitation, zur beruflichen Rehabilitation vgl. Berufsförderungswerk), beziehungsweise in seine frühere soziale oder juristische Position (z. B. Wiederherstellung der Ehre).
In der Suchttherapie und bei technischen Vorgängen spricht man hingegen von Rekuperation.

18.1 Begriffsklärung und Differenzierung

Der Begriff Rehabilitation wird in unterschiedlichen Zusammenhängen verwendet:

18.1.1 Medizin und Arbeitsleben

In der Medizin bezeichnet er den Einsatz und die Wirkung von Maßnahmen, die darauf zielen, die körperlichen, psychischen und sozialen Folgen einer Behinderung bzw. Aktivitätseinschränkung (engl. früher: Disability, jetzt: Limitation (or Restriction) of Activity) und Störung der Teilhabe (früher: Handicap, jetzt: Limitation (or Restriction) of Participation) auf ein Minimum zu beschränken.

Medizinische Rehabilitation

Im Sozial- und Arbeitsleben bedeutet Rehabilitation heute die Wiedereingliederung in den Alltag oder das berufliche Leben.

Berufliche Rehabilitation
Soziale Rehabilitation

Die Definition der Rehabilitation findet sich im Technical Report 668/1981 der Weltgesundheitsorganisation (WHO). Dort heißt es: „Rehabilitation umfasst den koordinierten Einsatz medizinischer, sozialer, beruflicher, pädagogischer und technischer Maßnahmen sowie Einflussnahmen auf das physische und soziale Umfeld zur Funktionsverbesserung zum Erreichen einer größtmöglichen Eigenaktivität zur weitestgehenden Partizipation in allen Lebensbereichen, damit der Betroffene in seiner Lebensgestaltung so frei wie möglich wird."

Die rehabilitative Medizin unterscheidet sich daher prinzipiell von der kurativen Medizin, deren Aufgabe die Heilung von Krankheiten ist. Diese wird auch durch die unterschiedliche Systematik der jeweiligen Klassifikationen deutlich. Die krankheitsdiagnostische Klassifikation: International Classification of Diseases (ICD) aus dem Jahr 1903 und die International Classification of Functioning, Disability and Health (ICF) aus dem Jahr 2001 .

78
KAPITEL 18. REHABILITATION

18.1.2 Politischer Kontext

Im politischen Kontext bezeichnet eine Rehabilitation jene Aktionen, die gesetzt werden, um das Ansehen und den Ruf einer Person gezielt oder Personengruppe pauschal wiederherzustellen, nachdem sie durch eine vorhergehende Aktion in Verruf geraten ist. Dazu gibt es beispielsweise in der Parteigerichtsbarkeit der politischen Parteien besondere Verfahrensarten vor den Parteigerichten, die als Schiedsgerichte in Rehabilitationssachen auf Antrag des Betroffenen entscheiden.

18.2 Rehabilitation im politischen Sinne

Mit einer politischen Rehabilitation gehen mehrere Schritte einher. Erstens müssen die in der Vergangenheit getä- tigten Urteile, Gesetze oder Verfahren aufgehoben werden; der erste Schritt ist eine juristische Rehabilitation, die einen klaren politischen Willen voraussetzt. Im zweiten Schritt ist eine politische und soziale Rehabilitation not- wendig, denn „[e]ine Rehabilitierung, von welcher weder die entehrten, bestraften und verfemten Personen wissen, noch das für die Rehabilitation zuständige Bundesministerium (...) und schon gar nicht die Öffentlichkeit, ist kei- ne

Rehabilitierung!"[4] Eine zufrieden stellende politische Rehabilitation bedarf eines längeren Prozesses, der in der Öffentlichkeit stattzufinden hat und allen betroffenen staatlichen Stellen mit Weisungen zur Kenntnis gebracht werden muss.

18.2.1 Opfer der NS-Militärjustiz

Beispiele für eine solche politische Rehabilitation ist die Rehabilitierung von Deserteuren und generell Opfern der NS-Militärjustiz. Diese begann in Deutschland mit einer schrittweisen juristischen Rehabilitierung 1991 und 1995 und einer politischen 1997 im Bundestag, in Österreich 2005 durch eine gleichzeitig juristische wie politische 2005 im Nationalrat. Maßgeblich war in Deutschland das Gesetz zur Aufhebung nationalsozialistischer Unrechtsurteile in der Strafrechtspflege.

18.2.2 Opfer der SED-Diktatur

Die Wiedergutmachung von staatlichem Unrecht, das in der Sowjetischen Besatzungszone oder der DDR verübt wurde, wird als Rehabilitierung bezeichnet und ist in drei Gesetzen geregelt:

Strafrechtliches Rehabilitierungsgesetz, das auch Regelungen über rechtsstaatswidrige Freiheitsentziehungen
(etwa in Jugendwerkhöfen) enthält,

Verwaltungsrechtliches Rehabilitierungsgesetz,

Berufliches Rehabilitierungsgesetz.

18.2.3 Opfer des Stalinismus

Beginnend 1953/1954 wurden in der UdSSR im Rahmen der Entstalinisierung zu Unrecht verurteilte Opfer des
Stalinismus rehabilitiert.

In den Satellitenstaaten der UdSSR, im sogenannten Ostblock, kam die Tauwetterperiode und mit ihr auch die Re- habilitierungswelle etwa zehn Jahre später an, in der zweiten Hälfte der 1960er Jahre.

18.3 Rehabilitation im internationalen Kontext

Seit 1922 gibt es Rehabilitation International ein Netzwerk von Experten und Fachleuten der Rehabilitation mit dem
Ziel eine behindertengerechte und offenere Gesellschaft zu schaffen. Auf der Ebene der EU kooperieren unter anderem die großen Sozialversicherungen in sogenannten "Euroforen", darunter das "Euroforum Soziale Rentenversicherung"[5]

18.4. LESE DAZU:
18.4 Lese dazu:

Rehabilitation in der Unfallchirurgie
Aufhebung von NS-Unrechtsurteilen

Gesetz zur Aufhebung nationalsozialistischer Unrechtsurteile in der Strafrechtspflege
Stasiopfer, Abschnitt Rehabilitierung
Hamburger Modell (Rehabilitation)
(Wiedereingliederungsplan) Rehadat

18.5 Einzelnachweise

[1] WHO: Disability prevention and rehabilitation (PDF; 1,6 MB). Technical Report Series 668. Genf. 1981. Seite 9. [2] Bertillon J. Nomenclatures des maladies. Montevrain. Imprimerie typographique de l'école d'alembert, 1903

[3] ICF: International Classification of Functioning, Disability and Health (ICF), WHO, Geneva, 2001, Original ICF: who.int/ icf

[4] Kohlhoher, Reinhard: Vorwort. In: Ders. und Moos, Reinhard (Hg.): Österreichische Opfer der NS-Militärgerichtsbarkeit
– Rehabilitierung und Entschädigung. Wien, 2003. S. 9–12, hier S. 10.

[5] R.Diehl, C.M.Diehl, C.Kreiner. "Rehabilitation im internationalen Kontext" in Rainer Diehl, Erika Gebauer, Alfred Groner
"Kursbuch Sozialmedizin", deutscher Ärzteverlag 2011, S.318 ff.

Kapitel 19

Übereinkommen über die Rechte von
Menschen mit Behinderungen

Vertragsstaaten der UN-
Behindertenrechtskonvention (dunkelgrün),
Unterzeichnerstaaten (hellgrün) (1. Oktober 2012)

Das 2006 von der UNO-Generalversammlung in
New York verabschiedete und 2008 in Kraft
getretene Überein- kommen über die Rechte von
Menschen mit Behinderungen (UN-
Behindertenrechtskonvention, BRK) ist ein von
160 Staaten[1] und der EU[2] durch Ratifizierung,
Beitritt (accession) oder (im Fall der EU) formale
Bestätigung (for-
mal confirmation) abgeschlossener völkerrechtlicher
Vertrag, der die bislang bestehenden acht
Menschenrechtsabkommen
für die Lebenssituation behinderter Menschen
konkretisierte: Sie werden weniger als Kranke
betrachtet, sondern viel-
mehr als gleichberechtigte Menschen (sog.
„menschenrechtliches Modell").[3]
Die Konvention wurde über fünf Jahre erarbeitet
und betrifft ca. 650 Mio. Menschen; keine andere
wurde so schnell von so vielen Staaten ratifiziert.[3]

19.1 Entstehungsgeschichte und Inkrafttreten

„Die wichtigsten Vorläufer des Übereinkommens [sind] Die Internationale Menschenrechtscharta:

Allgemeine Erklärung der Menschenrechte
Internationaler Pakt über wirtschaftliche, soziale und kulturelle Rechte
Internationaler Pakt über bürgerliche und politische Rechte
Andere Übereinkünfte der Vereinten Nationen und der IAO, die sich speziell mit Menschenrechten und Behinderung befassen:
Erklärung über die Rechte der geistig behinderten Menschen (1971)
Erklärung über die Rechte der behinderten Menschen (1975)
Weltaktionsprogramm für behinderte Menschen (1982)
Leitlinien von Tallinn für Maßnahmen zur Entwicklung der Humanressourcen im Bereich Behin- derung (1990)

Grundsätze für den Schutz von psychisch Kranken und die Verbesserung der psychiatrischen Versorgung (1991)
Rahmenbestimmungen für die Herstellung der Chancengleichheit für behinderte Menschen (1993)"

– Deutsche Übersetzung des Handbuches der Vereinten Nationen und der Interparlamentarischen Union.

Dem Abschluss der Konvention gingen vierjährige Beratungen mit acht Arbeitstreffen des 2001 von der

Generalver- sammlung eingesetzten Ad–hoc-Ausschuss voraus. Vorherige Versuche der Gestaltung einer Behindertenrechtskon- vention scheiterten. An der ersten Sitzung nahmen 80 Staaten und 30 Nichtregierungsorganisationen teil, am Ende waren es 120 Staaten und 468 Nichtregierungsorganisationen. Das Übereinkommen wurde unter der Mitwirkung von Betroffenen als Vertretern der Vereinten Nationen, Regierungsdelegationen und Nichtregierungsorganisationen erarbeitet.[5] [6] Für Deutschland nahm die Staatsrechtlerin Theresia Degener als unabhängige Juristin an den Ver-handlungen teil.

Am 13. Dezember 2006 wurden das Übereinkommen und das Fakultativprotokoll verabschiedet; am 3. Mai 2008 traten sie in Kraft, nachdem die ersten zwanzig Staaten das Übereinkommen und zehn das Fakultativprotokoll rati- fiziert hatten.[7] Von 193 Mitgliedsstaaten der Vereinten Nationen haben bis 2013 158 Staaten und die Europäische Union die Konvention unterzeichnet. Zum selben Zeitpunkt war sie von 141 Staaten und der EU ratifiziert bzw. durch Beitritt oder förmliche Zustimmung in Kraft gesetzt. 91 Staaten haben bis dahin das Fakultativprotokoll, un-terzeichnet, 76 davon haben es in Kraft gesetzt.[8] Alle 27 EU-Mitgliedsstaaten haben die Konvention unterzeichnet,

22 EU-Mitgliedstaaten haben per 1. Februar 2011 das Fakultativprotokoll, unterzeichnet, 17 Mitgliedsstaaten haben die Konvention, 14 das

Fakultativprotokoll, in Kraft gesetzt. Die EU unterzeichnete die Konvention am 30. März 2007, am 26. November 2009 verabschiedete der Rat den Beschluss über den Abschluss (Ratifizierung) des Überein- kommens. Hieran ist die EU im Umfang ihrer Zuständigkeit gebunden. Am 23. Dezember 2010 schloss die EU das Ratifizierungsverfahren durch Hinterlegung der Urkunde zur förmlichen Bestätigung mit dem UN-Generalsekretär in New York ab. Für die EU ist das Übereinkommen am 22. Januar 2011 in Kraft getreten. In Österreich ist die Konvention am 26. Oktober 2008 ratifiziert worden, in Deutschland trat sie am 26. März 2009 in Kraft.

19.1.1 Fakultativprotokoll

Nur etwas mehr als die Hälfte der Vertragsstaaten haben bis 2013 auch das Fakultativprotokoll, dessen Abschluss neben dem Beitritt zur Konvention gesondert möglich ist, abgeschlossen. Hierdurch wird Einzelnen oder Personen- gruppen die Möglichkeit eines internationalen Beschwerdeverfahrens eröffnet.

19.1.2 Deutsche Übersetzungen

Die offizielle deutsche Übersetzung der Konvention[10] wurde zwischen Deutschland, Liechtenstein, Österreich und der Schweiz abgestimmt. Die Betroffenen und deren Verbände in Deutschland sahen sich hieran nicht ausreichend beteiligt. Insbesondere konnte keine Einigung hinsichtlich der Übersetzung des in Artikel 24 der Konvention verwen- deten englischen Begriffs Inclusion der in der offiziellen Übersetzung mit Integration übersetzt wurde, herbeigeführt werden. Dies führte zur Erstellung einer so genannten Schattenübersetzung, die nach Ansicht der Verfasser der Ori- ginalfassung näher kommt als die offizielle deutsche Übersetzung. Die gemäß der Konvention in allen Phasen der Umsetzung und Überwachung einzubeziehenden deutschen Betroffenen mit ihren Organisationen waren an der Er- stellung dieser Fassung beteiligt.

19.2 Hintergründe

Weltweit leben 650 Millionen Menschen, 10 % der Weltbevölkerung und größte Minderheit, mit einer Behinde- rung. Diese Gruppe wird durch das Anwachsen der Weltbevölkerung, den medizinischen Fortschritt und die alternde Gesellschaft weiter wachsen. Menschen mit Behinderungen leben oftmals am Rande der Gesellschaft und bilden das ärmste Fünftel der Weltbevölkerung. 98 % der Kinder mit Behinderungen in Entwicklungsländern gehen nicht zur Schule, 30 % der Straßenkinder haben Behinderungen, nur 3 % der Erwachsenen mit Behinderungen können schreiben und lesen, in manchen Ländern nur 1 % der Frauen mit Behinderungen. Bei in Armut lebenden Men- schen ist die Gefahr eine Behinderung zu bekommen größer und eine Behinderung kann auch zu Armut führen. In den Mitgliedsländern der OECD sind 19 % der Menschen mit niedrigem Bildungsstand, in den Gruppen mit hö- herem Bildungsstand 11 % behindert.[12] In der Europäischen Union hatte Ende 2011 jeder sechste eine leichte bis schwere Behinderungen, dies betraf 80 Millionen Menschen. Von den über 75-Jährigen hatten mehr als ein Drit- tel Behinderungen. Mit Zunahme der alternden Bevölkerung werden auch diese Zahlen steigen.[13] 2009 lebten in Deutschland 9,6 Millionen Menschen mit Behinderungen, davon 7,1 Millionen schwerbehindert, insgesamt etwa je- der zehnte Einwohner.[14] Behinderte gehören weltweit zu der Gruppe, deren Menschenrechte am meisten gefährdet ist. In vielen Staaten werden behinderte Säuglinge getötet, kommt es zu Zwangssterilisation, sexuellem Missbrauch, Medikamentenerprobung.[6]

„Diese Grundrechte werden Menschen mit Behinderungen regelmäßig versagt: Das Recht,
eine gute Bildung zu erhalten
sich frei und ungehindert von einem Ort zum anderen zu bewegen
ein selbstbestimmtes Leben in der Gemeinschaft zu führen
Arbeit zu finden, auch wenn sie hochqualifiziert sind
Zugang zu Informationen zu haben
eine angemessene Gesundheitsversorgung zu erhalten
ihre politischen Rechte wie z.B. ihr Wahlrecht auszuüben
ihre eigenen Entscheidungen zu treffen."

– Deutsche Übersetzung des Handbuches der Vereinten Nationen und der Interparlamentarischen Union.

19.3 Aufbau

Die Konvention besteht neben der Präambel aus 50 Artikeln. Den Schwerpunkt bilden Artikel 1–30. Der Allgemeine Teil, Artikel 1–9 beinhaltet Ziel, Definitionen und Grundsätze der Konvention. Im Besonderen Teil, Artikel 10–30, werden die einzelnen Menschenrechte aufgeführt.[16]

19.4 Inhalt

Die Konvention stellt die Pflichten der Staaten heraus, die für Menschen mit Behinderungen bestehenden Menschen- rechte zu gewährleisten.[12] Aufgabe aller Menschenrechtskonventionen ist das Empowerment der Menschen, indem Ansprüche auf Selbstbestimmung, Diskriminierungsfreiheit und gleichberechtigte gesellschaftliche Teilhabe geltend gemacht werden und ihre Durchsetzung ermöglicht wird. In der UN-Konvention über die Rechte von Menschen mit Behinderungen kommt das Bewusstsein der eigenen Menschenwürde und der des anderen als Grundlage dieses Em- powerment so stark zum Tragen, wie bei keiner anderen Menschenrechtskonvention. Der Begriff der Menschenwürde ist hier nicht nur häufiger Inhalt des Konventionstextes, darüber hinaus wird sie auch ausdrücklicher als in anderen Menschenrechtskonventionen als Ziel der Bewusstseinsbildung gefordert. Die Grundsätze der Konvention enthält Artikel 3:

a) die Achtung der dem Menschen innewohnenden Würde, seiner individuellen Autonomie, einschließlich der Freiheit, eigene Entscheidungen zu treffen, sowie seiner Unabhängigkeit;

b) die Nichtdiskriminierung;
c) die volle und wirksame Teilhabe an der Gesellschaft und Einbeziehung in die Gesellschaft;
d) die Achtung vor der Unterschiedlichkeit von Menschen mit Behinderungen und die Akzeptanz dieser Menschen als Teil der menschlichen Vielfalt und der Menschheit;
e) die Chancengleichheit;
f) die Zugänglichkeit;
g) die Gleichberechtigung von Mann und Frau;
h) die Achtung vor den sich entwickelnden Fähigkeiten von Kindern mit Behinderungen und die Achtung ihres Rechts auf Wahrung ihrer Identität.

19.4.1 Behinderungsbegriff
Der Begriff der Behinderung ist in der Konvention nicht definiert. In der Präambel e) wird festgehalten, dass sich das Verständnis von Behinderung weiterentwickelt. Artikel 1 S. 2 lautet:

„Zu den Menschen mit Behinderungen zählen Menschen, die langfristige körperliche, seelische, geistige oder Sinnesbeeinträchtigungen haben, welche sie in Wechselwirkung mit verschiedenen Barrieren an der vollen, wirksamen und gleichberechtigten Teilhabe an der Gesellschaft hindern können."

19.4.2 Chancengleichheit und Nichtdiskriminierung, Artikel 5

Die Menschenwürde bildet die Grundlage der menschenrechtlichen Gleichheit und des Diskriminierungsverbots. Die in den Menschenrechten fußenden Rechtspositionen stehen den Menschen unmittelbar zu. Einer Zukennung durch die Gesellschaft bedarf es nicht, so wie eine Aberkennung nicht möglich ist.

19.4.3 Gleichberechtigte Teilhabe an der Gemeinschaft (Inklusion)

Dies beinhaltet unabhängige Lebensführung und Einbeziehung in die Gemeinschaft Artikel 19, Arbeit und Beschäf- tigung Artikel 27, angemessenen Lebensstandard und sozialen Schutz Artikel 28, Teilhabe am kulturellen Leben sowie an Erholung, Freizeit und Sport Artikel 30.
Aufgrund des Übereinkommens entspringt das Recht auf Teilhabe von Menschen mit Behinderung dem zentra- len Menschenrecht auf Beachtung der Menschenwürde und ist nicht nur eine Frage des sozialen Wohlergehens.[7] Die Konvention nimmt Abstand von einer Behindertenpolitik der Fürsorge und des Ausgleichs gedachter Defizite,

„Defizit–Ansatz Sie hat das Leitbild der sogenannten „Inklusion". Es geht nicht mehr darum, Ausgegrenzte zu integrieren, sondern allen Menschen von vornherein die Teilnahme an allen gesellschaftlichen Aktivitäten auf allen Ebenen und in vollem Umfang zu ermöglichen. Dies bedeutet, alle gesellschaftlichen Bereiche müssen für die Teilhabe von Menschen mit Behinderungen zugeschnitten sein oder geöffnet werden. Es ist nicht Aufgabe des Menschen mit Behinderungen sich anzupassen, um seine Rechte wahrzunehmen.[10] Die Sicherstellung behindertengerechter Infrastruktur ist ein Grundgedanke der Behindertenrechtskonvention. Menschen mit Behinderungen sollen von gemeindenahen Diensten oder auch persönlichen Assistenzen unterstützt werden. Viele Partizipationshindernisse, unter denen Menschen mit Behinderungen leiden, hängen mit physischen oder mentalen Barrieren zusammen. Deren Überwindung verlangt breit angelegte staatliche und gesellschaftliche Anstrengungen und auch die Bereitschaft zur Übernahme der zur Umsetzung notwendigen Kosten.

Lese dazu: : Teilhabe (Behinderte Menschen).

19.4.4 Inklusive Gesellschaft

Das Ziel der Konvention durch Achtung unterschiedlicher Begabungen und Fähigkeiten der Menschen mit Behin- derungen, „diversity-Ansatz", die Entwicklung einer menschlichen, sozialen und wirtschaftlichen Gesellschaft unter uneingeschränkter Teilhabe von Menschen mit Behinderungen (inklusive Gesellschaft) zu fördern, ohne deren Bedürfnisse zu übersehen, wird bereits in der Präambel m) aufgestellt. Das nicht von vorneherein negative Ver- ständnis von Behinderung, sondern die Normalität des gemeinsamen Lebens mit und ohne Behinderungen steigert die

Lebensqualität aller Bürger. Durch die Bewusstseinsbildung der Achtung der Menschenwürde der Menschen mit Behinderungen kann deren Selbstachtung entstehen Artikel 24 Absatz 1 a). Die Vertragsstaaten der Konvention sollen Maßnahmen der gesellschaftlichen Aufklärung und Bewusstseinsbildung ergreifen, Artikel 8, und durch eine von Zugangs- und Partizipationshindernissen befreite Alltagskultur das Bewusstsein eigener Würde von Menschen mit Behinderungen stärken.

19.4.5 Geschäftsfähigkeit und Einwilligungsfähigkeit als gleiche Anerkennung vor dem Recht, Artikel 12

Die gleiche Anerkennung vor dem Recht beinhaltet neben der Geschäftsfähigkeit auch die Einwilligungsfähigkeit im Hinblick auf medizinische Maßnahmen. Dies war ein umstrittener Punkt bei den Konventionsverhandlungen, da in vielen Staaten behinderte Menschen grundsätzlich für geschäftsunfähig erklärt werden. Nach Artikel 12 ist jeder Mensch rechts- und handlungsfähig. Der erforderliche Schutz von Menschen, die in ihrer

Erkenntnisfähigkeit eingeschränkt oder psychisch erkrankt soll durch Hilfe in der Entscheidungsfindung sichergestellt werden, die Vorrang vor der stellvertretenden Entscheidung hat.

19.4.6 Zugang zur Justiz, Artikel 13

Generell gilt für behinderte Menschen der Grundsatz der Barrierefreiheit: Blinden oder sehbehinderten Menschen müssen rechtlich relevante Texte vorgelesen oder auf andere Weise zugänglich gemacht werden. Hör- oder sprach- behinderten Menschen müssen bei Anhörungen die erforderlichen Hilfsmittel bereitgestellt werden. Kognitiv beein- trächtigte Menschen haben das Recht darauf, dass Rechtsdokumente ihnen in einer Sprache erklärt werden, die sie verstehen.[22]

19.4.7 Inklusive Bildung, Artikel 24

Dieser Artikel hatte in der Öffentlichkeit in Deutschland die größte Resonanz. Inhalt und Reichweite dieser Regelung sind umstritten. Zentraler Punkt ist die Möglichkeit der gemeinsamen Beschulung behinderter und nicht behinder- ter Kinder in Allgemeinbildenden Schulen und Besuch von Universitäten. In Deutschland besuchten im Schuljahr 2009/10 20,1 % der Schüler mit sonderpädagogischem Förderbedarf allgemeine Schulen.[23] Artikel 24 legt den Zugang zur Regelschule als den Normalfall fest.[24]

„Die Monitoring-Stelle misst der Einhaltung und Umsetzung des Rechts auf inklusive Bildung in den Ländern eine große Bedeutung zu. Das Recht auf Bildung als Menschenrecht zu verwirklichen ist zentral für die Verwirklichung anderer Menschenrechte; dies trifft auch für das gemeinsame Lernen von nicht behinderten und behinderten Kindern und Jugendlichen zu.

Das Recht auf inklusive Bildung im Sinne der Konvention ist als individuelles Recht ausgestaltet. Die- ses Recht setzt sowohl für den schrittweisen Aufbau eines inklusiven Bildungssystems als auch für den Zugang zu diesem Bildungssystem im Einzelfall verbindliche Maßstäbe. ...

Es trifft auf alle Länder zu, dass weiterhin enorme strukturelle Anstrengungen auf allen Handlungs-ebenen erforderlich sind, um die UN-Behindertenrechtskonvention mittel- und langfristig erfolgreich umzusetzen und überdies kurzfristig das individuelle Recht auf einen diskriminierungsfreien Zugang zu einem sinnvollen wohnortnahen Bildungsangebot an einer Regelschule praktisch einzulösen."

Das Bildungsrecht der UN-Behindertenrechtskonvention kann als ein Recht auf inklusive Bildung interpretiert wer- den. Der Wiener Universitätsprofessor Gottfried Biewer sieht Artikel 24 weniger als Hinweis zur Auflösung der Sonderschulen, denn als Aufforderung an die politischen Akteure, die notwendigen Maßnahmen zur Unterstützung von Kindern mit Behinderungen in den regulären Schulen bereitzustellen. Diese sollen sich öffnen und Kinder und Jugendliche ungeachtet ihrer unterschiedlichen Voraussetzungen aufnehmen [26] . Im schulischen Bereich wird in Deutschland bisher mit Unterscheidungen und begrifflichen Einteilungen wie Lernbehinderung gearbeitet, die inter- national nicht verwendet werden.

Bundesdeutsche Hochschulen haben in aller Regel schon lange vor dem Inkrafttreten der Konvention Beauftrag- te für die Belange behinderter und chronisch kranker Studierender gehabt. An einzelnen deutschen Hochschulen gibt es schon seit einigen Jahren Servicestellen für Studierende mit Behinderung oder chronischer Krankheit.[28] Die Hochschulrektorenkonferenz hat aus Anlass des Inkrafttretens der Konvention die Empfehlung "Eine Hochschule für Alle" beschlossen. Die einzelnen Bundesländer (Landesregierungen) erarbeiten Aktionsprogramme zur Um- setzung der Konvention, in deren Rahmen auch die Hochschulen um Stellungnahmen gebeten wurden und darüber nachgedacht wurde, ob und in welcher Form Betroffene einbezogen bzw. beteiligt werden sollten.

In Österreich sind bis dato rund 50 % aller Schüler mit besonderem Förderbedarf in allgemeine Schulklassen integriert. Bundesbehindertenanwalt Erwin Buchinger (SPÖ) und Schulexperten wie Bernd Schilcher (ÖVP) gehen davon aus, dass Sonderschulen nun konventionswidrig sind.
Lese dazu: : Inklusive Pädagogik.

19.4.8 Recht auf das erreichbare Höchstmaß an Gesundheit, Artikel 25

Das Recht auf das erreichbare Höchstmaß an Gesundheit.

19.4.9 Teilhabe am politischen und öffentlichen Leben, Artikel 29

ISG TopVoter voting machine: Eine PC-Oberfläche, die behinderten Menschen die aktive Teilnahme an einer (politischen) Wahl ermöglicht

Die Vertragsstaaten sind verpflichtet, die politische Teilhabe von Menschen mit Behinderungen zu gewährleisten.

Wahlverfahren, -einrichtungen und -materialien müssen geeignet, barrierefrei und leicht verständlich sein, damit Menschen mit Behinderungen gleichberechtigt ihr Wahlrecht geltend machen können.

Nach § 13 Bundeswahlgesetz (BWahlG), § 6a Europawahlgesetz (EuWG) und allen Landeswahlgesetzen besteht ein Wahlrechtsausschluss für Menschen, für deren sämtliche Angelegenheiten ein Betreuer bestellt ist. Dagegen wendet sich die Monitoring-Stelle zur UN-Behindertenrechtskonvention unter Hinweis auf Artikel 29 der UN-Behindertenrechtskonvention.

Der Gesetzgeber ging allerdings bei der Verabschiedung des Zustimmungsgesetzes Ende 2008 davon aus, dass das Übereinkommen den Wahlrechtsausschlüssen nicht entgegensteht .

In der Schweiz ist gemäß Art. 136 Abs. 1 der Bundesverfassung das Wahlrecht beschränkt auf Personen, "die nicht wegen Geisteskrankheit oder Geistesschwäche entmündigt sind". Nach Art. 2 des Bundesgesetzes über politische Rechte sind darunter zu verstehen "Personen, die wegen dauernder Urteilsunfähigkeit unter umfassender Beistand-schaft stehen oder durch eine vorsorgebeauftragte Person vertreten werden". Darin wird kein Widerspruch zum UN-Übereinkommen gesehen und daran auch nach dessen Ratifizierung festgehalten. In Österreich sind auch Menschen, die unter Vollbetreuung stehen, wahlberechtigt, seit der Verfassungsgerichtshof 1987 § 24 der National-ratswahlordnung (NRWO) 1971 als unzulässige Ungleichbehandlung aufhob, weil sie undifferenziert allein an die Bestellung eines Sachwalters anknüpfte . Auch in den Niederlanden gibt es seit 2009 und in Großbritannien seit 2006 keine Wahlrechtsbeschränkungen für Menschen mit geistiger Behinderung.

Obwohl Wahlen nach Art. 38 GG geheim sein müssen und das Wahlrecht nach § 14 BWahlG nur persönlich ausgeübt werden kann, können sich nach § 57 Bundeswahlordnung (BWO) Menschen mit körperlichen Behinderungen, zur Stimmabgabe einer Hilfsperson bedienen, die zum Beispiel den Stimmzettel ausfüllt, den Stimmzettel faltet oder in die Wahlurne wirft.

Auch das österreichische Wahlrecht sieht diese Hilfen vor. Weiter können sich dort bettlägerige Menschen in Spitälern und Einrichtungen der

Behindertenhilfe können bei Bedarf von fliegenden Wahlkommissionen aufgesucht werden.
Den Bedürfnissen von Menschen mit körperlichen Behinderungen wird darüber hinaus auch durch die Möglichkeit der Briefwahl Rechnung getragen.

19.4.10 Weitere Menschenrechte

Recht auf Leben Artikel 10, Schutz der Unversehrtheit der Person Artikel 17, persönliche Mobilität Artikel
20, Freizügigkeit und Staatsangehörigkeit Artikel 18, Recht der freien Meinungsäußerung, Meinungsfreiheit und Zugang zu Informationen Artikel 21, Achtung der Privatsphäre Artikel 22, Achtung der Wohnung und der
Familie Artikel 23

Freiheit und Sicherheit der Person Artikel 14, Freiheit von Folter oder grausamer, unmenschlicher oder er- niedrigender Behandlung oder Strafe Artikel 15, Freiheit von Ausbeutung, Gewalt und Missbrauch Artikel
16
Habilitation und Rehabilitation Artikel 26
Internationale Zusammenarbeit Artikel 32

Erweiterung der deutschen Entwicklungszusammenarbeit um den Bereich Inklusion und Teilhabe von Menschen mit
Behinderung, die durch Artikel 32 (Internationale Zusammenarbeit) notwendig wird.

19.5 Umsetzung des Übereinkommens

Wie alle Menschenrechtskonventionen richtet sich auch die UN-Behindertenkonvention in erster Linie an die Staaten als Garanten definierter Rechte; sie nimmt sie dabei in mehrfacher Weise in die Pflicht:

Der Staat ist gehalten, die Menschenrechte als Vorgabe eigenen Handelns zu achten.

Darüber hinaus hat er die betroffenen Menschen vor drohenden Rechtsverletzungen durch Dritte aktiv zu schützen.

Schließlich hat er Infrastrukturmaßnahmen zu ergreifen, damit die Menschen von ihren Rechten auch tatsäch- lich Gebrauch machen können.[38]

Die Konvention enthält die üblichen Durchführungs- und Überwachungsregelungen.

19.5.1 UN-Ausschuss zum Schutz der Rechte von Menschen mit Behinderungen, Artikel

Zentrales Gremium des internationalen Monitoring ist ein Vertragsorgan der Vereinten Nationen, der UN-Ausschuss zum Schutz der Rechte von Menschen mit Behinderungen, mit Sitz in Genf der zweimal im Jahr für jeweils eine Woche zusammenkommt. Er prüft die Einhaltung der Konvention anhand regelmäßig abzugebender Berichte der

Vertragsstaaten. Von den 18 Ausschussmitgliedern (Stand 2013) sind 16 behindert, darunter sechs Blinde und vier Rollstuhlfahrer. Arabisch, Chinesisch, Englisch, Französisch, Russisch und Spanisch sind die offiziellen Sprachen des Ausschusses.

19.5.2 Umsetzung in der Europäischen Union

Am 15. November 2010 übermittelte die Kommission der EU den übrigen EU-Organen ein Arbeitspapier mit dem Titel Europäische Strategie zugunsten von Menschen mit Behinderungen 2010-2020: Erneuertes Engagement für ein barrierefreies Europa. Darin wurden die acht „Aktionsbereiche" Zugänglichkeit, Teilhabe, Gleichstellung, Beschäftigung, Allgemeine und Berufliche Bildung, Sozialer Schutz, Gesundheit und Maßnahmen im Außenbereich als stra- tegische Arbeitsschwerpunkte der EU und ihrer Mitgliedsstaaten genannt.[41] Die Vorgaben haben für die Mitglieds- staaten verbindlichen Charakter.[42] Das Projekt Quali-TYDES der European Science Foundation (ESF), dessen österreichischer Teil von dem Bildungswissenschaftler Gottfried Biewer geleitet wurde, untersuchte wie die Verän- derung der Sozial- und Bildungsgesetzgebung, deren Normen sich in der UN-Behindertenrechtskonvention nieder-geschlagen haben, das Leben von Menschen mit Behinderungen in europäischen Ländern beeinflusst hat. Obwohl Österreich, Irland, Spanien und

Tschechien sich zur Umsetzung der UN-BRK im Bildungsbereich verpflichtet haben, zeigen sich in allen beteiligten Ländern gravierende Probleme der Umsetzung inklusiver Lernumgebungen . Nach wie vor spielt das soziale Kapital des Elternhauses für die Durchsetzung der Rechte behinderter Menschen eine wich- tige Rolle . Insbesondere der Zugang hin zur Hochschulbildung war nur möglich, wenn Eltern oder andere Akteure hier eine besondere Unterstützung geleistet hatten. War die Stufe des Hochschulstudiums erst einmal erreicht, stellte persönliche Assistenz ein wesentliches Hilfsmittel dar, das in den untersuchten europäischen Ländern aber nur wenig angeboten wird.

19.5.3 Umsetzung in Deutschland
Nationale Anlaufstellen
In Deutschland sind entsprechend der Konvention folgende Anlaufstellen eingerichtet:

staatliche Anlaufstelle: Bundesministerium für Arbeit und Soziales

staatlicher Koordinierungsmechanismus: Beauftragter der Bundesregierung für die Belange behinderter Men- schen
unabhängiger Mechanismus, Artikel 33: Monitoring-Stelle zur UN-Behindertenrechtskonvention am Deutschen
Institut für Menschenrechte

Erster Staatenbericht der Umsetzung der Konvention in Deutschland vom 3. August 2011

Jeder Vertragsstaat hat innerhalb von zwei Jahren und danach mindestens alle vier Jahre einen Bericht über die Erfüllung der Konvention vorzulegen, Artikel 35 Abs. 1. Das Bundesministerium für Arbeit und Soziales hat am
3. August den Ersten Staatenbericht vorgelegt.

Maßnahmen in Deutschland

Der Bundesverband evangelische Behindertenhilfe (BeB)[49] sieht in seiner Stellungnahme zum Beitritt der Konven- tion im Jahr 2008 Handlungsbedarf in zahlreichen Bereichen:

Gleiche Anerkennung vor dem Recht (Artikel 12) Statt einer grundsätzlichen Aberkennung der Geschäftsfähigkeit in §§ 104 und 105 des BGB soll Menschen mit Behinderung oder psychischer Erkrankung eine rechtliche Be- gleitung – keine Stellvertretung - zur Seite gestellt werden. Demgegenüber hält die Bundesregierung fest, dass die Vorschriften über die Geschäftsfähigkeit gleichermaßen für Menschen mit und ohne Behinderung ab- gestimmt auf den konkreten Anlass gelten.

Barrierefreier Zugang zur Justiz: Der Umfang der Hilfestellung sei nicht ausreichend, es bedürfe einer ver- ständlicheren Sprache.

Habilitation und Rehabilitation (gemäß Art. 26 der Konvention): Nicht nur professionelle Helfer, sondern auch andere Menschen mit Behinderungen (peer support) sollen die Menschen mit Behinderungen unterstützen, um
ein Höchstmaß an Unabhängigkeit sowie umfassende körperliche, geistige, soziale und berufliche Fähigkeiten
zu bewahren.

Zur Ausrichtung der Behindertenpolitik der Inklusion wurde mit Wirkung vom 1. Januar 2008 in das 9. Buch Sozi- algesetzbuch (SGB IX) der Rechtsanspruch auf das Persönliche Budget aufgenommen.
2009 wurden mit dem Wohn- und Betreuungsvertragsgesetz die Rechte älterer, pflegebedürftiger und behinder- ter Menschen gestärkt, die Verträge über die Überlassung von Wohnraum mit Pflege- oder Betreuungsleistungen abschließen.[53]
Die Barrierefreie-Informationstechnik-Verordnung gewährleistet barrierefreie Internetseiten. Menschen mit Behin- derungen können von der Rundfunkgebührenpflicht befreit werden.
2012 trat das Gesetz über die Familienpflegezeit (FPflZG) in Kraft.
Die Bundesregierung hat im September 2011 einen Nationalen Aktionsplan veröffentlicht.

Bundesausbildungsförderungsgesetz (BAföG)

Das deutsche Bundesverwaltungsgericht - BVerwG - hat mit seinen Urteilen vom 02.12.2009 Nr. 5 C 21.08, 5 C

31.08 und 5 C 33.08 entschieden, dass in Bezug auf die Kosten der Internatsunterbringung behinderter Schüler auch

Zusatzleistungen der Ausbildungsförderung in nicht unerheblicher Höhe zu gewähren sind. Den Trägern der Einglie-

derungshilfe räumt § 95 des Zwölften Buches Sozialgesetzbuch (SGB XII) die Möglichkeit ein, in Prozessstandschaft

- d. h., in eigenem Namen - die Feststellung von Sozialleistungen eines Berechtigten (also hier der Auszubildenden)

zu betreiben, falls der Träger der Sozialhilfe erstattungsberechtigt ist. Für den BAföG-Vollzug in der Bundesrepublik

Deutschland sind die Ämter für Ausbildungsförderung zuständig.

19.5.4 Umsetzung in Österreich

Die Bundesregierung hat am 5. Oktober 2010 den Ersten Staatenbericht Österreichs zur UN-Behindertenrechtskonvention beschlossen. Er wurde vom Sozialministerium koordiniert.

Interessenvertretungen der Behindertenbewegung haben von der Bundesregierung einen konkreten Aktionsplan zur Umsetzung der im Übereinkommen definierten und in Österreich noch nicht oder noch nicht zur Gänze realisierten Rechte der Menschen

mit Behinderungen verlangt. Am 24. Juli 2012 wurde vom Ministerrat der "Nationale Aktions- plan 2012-2020" (Strategie der österreichischen Bundesregierung zur Umsetzung der UN-Behindertenrechtskonvention
- Inklusion als Menschenrecht und Auftrag) beschlossen.
Das Sozialministerium hat außerdem gemäß § 13 Bundesbehindertengesetz einen aus sieben Personen bestehenden Monitoringausschuss bestellt, in dem unter Teilnahme von Interessenvertretungen und anderen Experten Berichte über den Stand der Realisierung der Rechte erstellt werden.[58]

19.5.5 Situation in der Schweiz

Der Schweizer Bundesrat eröffnete am 22. Dezember 2010 die Vernehmlassung über den Beitritt der Schweiz zum Übereinkommen (ohne Zusatzprotokoll).[59] Zuvor war die Universität Bern vom Innendepartment mit einem Gut- achten über den möglichen Änderungsbedarf durch eine Ratifizierung[60] beauftragt worden. Am 15. April 2014 ratifizierte die Schweizerische Eidgenossenschaft das Übereinkommen[61] . Anders als Österreich und Deutschland hat die Schweiz das Zusatzprotokoll noch nicht unterzeichnet.

19.6 Lese dazu:

UN-Konvention

Portal: Vereinte Nationen; Allgemeine Erklärung der Menschenrechte; UN-Menschenrechtskommission (Durch- setzung der Menschenrechte)

Behindertenfeindlichkeit
Disability Mainstreaming; Disability Studies; Disability Management
Diversity Management
Universal Design
Design für Alle
Barrierefreiheit
Recht auf Entwicklung
Teilhabe (Behinderte Menschen); Behindertenbewegung; Independent living
Unterstützte Kommunikation

19.7 Veröffentlichungen

Valentin Aichele: Die UN-Behindertenrechtskonvention in der gerichtlichen Praxis. ..., Anwaltsblatt (AnwBl) 2011, 727-730

Florian Demke: Das Übereinkommen der Vereinten Nationen über die Rechte von Menschen mit Behinderun- gen (UN-Behindertenrechtskonvention). Auswirkungen auf Sozialpolitik und Behindertenhilfe in Deutschland. GRIN Verlag, 2011, ISBN 9783640992522.

Katrin Grüber, Stefanie Ackermann, Michael Spörke: Disability Mainstreaming in Berlin – Das Thema Behinderung geht alle an. Projekt im Auftrag der Senatsverwaltung für Integration, Arbeit und Soziales, der Senatsverwaltung für Stadtentwicklung und der Senatsverwaltung für Bildung, Wissenschaft und Forschung, Berlin; vertreten durch den Landesbeauftragten für Menschen mit Behinderung. In: berlin.de (549 kB, 28. April 2012; PDF)

Corinne Wohlgensinger: Behinderung und Menschenrechte: Ein Verhältnis auf dem Prüfstand. Budrich Uni- Press, 2014, ISBN 9783863880842.

Annette Leonhardt, Katharina Müller, Tilly Truckenbrodt: Die UN-Behindertenrechtskonvention und ihre Um- setzung. Beiträge zur Interkulturellen und International vergleichenden Heil- und Sonderpädagogik. Klinkhardt Verlag, 2015, ISBN 9783781519435.

19.8 Realityfilm.de

un.org: Bundesgesetzblatt, Jahrgang 2008, Teil II, Nr. 35, Bonn, 31. Dezember 2008: Gesetz zu dem Übereinkommen der Vereinten Nationen vom 13. Dezember 2006 über die Rechte von Menschen mit Behinderungen (PDF-Datei; 264 kB)
Monitoring-Stelle zur UN-Behindertenrechtskonvention am Deutschen Institut für Menschenrechte

Deutsche Übersetzung des Handbuches der Vereinten Nationen und der Interparlamentarischen Union (PDF- Datei; 3,57 MB), auf behindertenrechtskonvention.hessen.de

einfach teilhaben Webportal für Menschen mit Behinderungen, ihre Angehörigen, Verwaltungen und Unter- nehmen (einfach-teilhaben.de)
BMAS Teilhabe behinderter Menschen (bmas.de)
Nationaler Aktionsplan der Bundesregierung zur Umsetzung der UN-Behindertenrechtskonvention – Unser Weg in eine inklusive Gesellschaft (PDF-Datei; 12 MB) auf bmas.de
behindertenbeauftragter.de: Beauftragter der Bundesregierung für die Belange behinderter Menschen (Deutschland)
Die Staatliche Koordinierungsstelle nach Art. 33 UN-Behindertenrechtskonvention Inklusionsbeirat und Fachausschüsse (PDF-Datei; 1,7 MB)
brk-allianz.de: BRK-Allianz - Allianz der Nichtregierungsorganisationen zur UN-Behindertenrechtskonvention

Netzwerk Artikel 3 für Menschenrechte und Gleichstellung Behinderter e.V.: netzwerk-artikel-3.de; darin: netzwerk- artikel-3.de: Schattenübersetzung (PDF-Datei; 148 kB) - Alternative deutsche Fassung des Vereins, welcher die offizielle für grob fehlübersetzt hält.
Interpretationsstandard zur UN-Konvention aus Frauensicht. In: netzwerk-artikel-3.de, 28. Juli 2011 (8. Januar 2012)

un.org: Offizielle Seite der UN-Disabilities (Behinderte) in den Vertrags-Sprachen humanrights.ch: Überblick und weitere Informationen

aba-fachverband.org, Deutsche Behindertenhilfe Aktion Mensch e. V.: Ein großer Schritt nach vorn: Das Über- einkommen der Vereinten Nationen über die Rechte von Menschen mit Behinderungen (PDF-Datei; 976 kB)

makingitwork-crpd.org: Initiative Making it Work zur Verbreitung von Good Practice Projekten in so genann- ten Entwicklungsländern inclusion-life-art-network.de: Netzwerk für Künstler/Innen mit und ohne Behinderung

Valentin Aichele:bpb.de: Behinderung und Menschenrechte: Die UN-Konvention über die Rechte von Menschen mit Behinderungen. Aus Politik und Zeitgeschichte. Ausgabe 23/2010. S. 13-19

studentenwerke.de, Hochschulrektorenkonferenz: Eine Hochschule für Alle. Empfehlung der 6. Mitgliederver- sammlung am 21.4.2009 zum Studium mit Behinderung/chronischer Krankheit. (PDF-Datei; 122 kB)

Maike Gattermann-Kasper und Ursula Jonas: Behinderung als Diversity-Dimension in der Hochschule - Exklusionsmechanismen und Handlungsstrategien. Vortrag im Rahmen der

Ringvorlesung Diversity und Hochschule der CAU Kiel, 11. November 2010 (PDF-Datei; 577 kB)

Heiner Bielefeldt: institut-fuer-menschenrechte.de: Zum Innovationspotenzial der UN-Behindertenrechtskonvention. Bonn, Berlin, Juni 2009 (PDF-Datei; 103 kB)

bmas.de: Erster Staatenbericht der Bundesrepublik Deutschland zum Übereinkommen der Vereinten Nationen über Rechte von Menschen mit Behinderungen vom 3. August 2011. (PDF-Datei; 934 kB)
un-konventionumsetzen.blogspot.de

19.9 Einzelnachweise

[1] United Nations Treaty Collection Status aktueller Stand (englisch) abgerufen am 6. März 2015

[2] Die EU hat die UN-Konvention am 23. Dezember 2010 angenommen. Dies war das erste Mal, dass die EU als Rechtssubjekt einem Menschenrechtsvertrag beigetreten ist. (Quelle: Bericht im Anwaltsblatt 3/2011, S. VIII)

[3] Julia Prosinger: badische-zeitung.de: Theresia Degener, Vorkämpferin für Behindertenrechte: Radikal normal. Badische Zeitung, 15. Dezember 2014

[4] Deutscher Bundestag: Von Ausgrenzung zu Gleichberechtigung - Verwirklichung der Rechte von

Menschen mit Behinderun- gen. Ein Handbuch für Abgeordnete zu dem Übereinkommen über die Rechte von Menschen mit Behinderungen und seinem Fakultativprotokoll. Deutsche Übersetzung des Handbuches der Vereinten Nationen und der Interparlamentarischen Union. (PDF-Datei; 3,57 MB) auf behindertenrechtskonvention.hessen.de, S. 10

[5] Heiner Bielefeldt: Zum Innovationspotenzial der UN-Behindertenrechtskonvention, Bonn - Berlin, Juni 2009 (pdf-Datei, 103 kB) S. 6

[6] UN-Konvention Menschen mit Behinderung, Text und Erläuterung, herausgegeben von der Familie für Soziales, Familie, Gesundheit, und Verbraucherschutz Hamburg (pdf, 487,01 kB; hamburg.de; Februar 2013) S. 10

[7] Europ. Kommission UN-Konvention über die Rechte von Menschen mit Behinderungen (ec.europa.eu)

[8] United Nations Treaty Collection: Optional Protocol to the Convention on the Rights of Persons with Disabilities: Status aktueller Stand (treaties.un.org) (englisch) abgerufen am 16. Februar 2013

[9] UN-Konvention Menschen mit Behinderung, Text und Erläuterung, herausgegeben von der Familie für Soziales, Familie, Gesundheit, und Verbraucherschutz Hamburg (pdf, 487,01 kB; hamburg.de; Februar 2013) S. 18/19

[10] Broschüre des Behindertenbeauftragten mit Originalfassung, offizieller und sog. „Schatten"– Übersetzung (behindertenbe- auftragter.de)

[11] Verein für Menschenrechte und Gleichstellung Behinderter e.V., netzwerk-artikel-3.de: Übereinkommen über die Rechte von Menschen mit Behinderungen - Schattenübersetzung (7. Januar 2011)

[12] Deutscher Bundestag: Von Ausgrenzung zu Gleichberechtigung - Verwirklichung der Rechte von Menschen mit Behinderun- gen. Ein Handbuch für Abgeordnete zu dem Übereinkommen über die Rechte von Menschen mit Behinderungen und seinem Fakultativprotokoll. Deutsche Übersetzung des Handbuches der Vereinten Nationen und der Interparlamentarischen Union. (behindertenrechtskonvention.hessen.de) (pdf-Datei, 3,57 MB) S. 1, 3

[13] Präsidenten von Kommission, Parlament und Europäischem Rat beraten mit dem Europäischen Behindertenforum über gemeinsames Vorgehen (europa.eu)

[14] Übereinkommen der Vereinten Nationen über Rechte von Menschen mit Behinderungen Erster Staatenbericht der Bun- desrepublik Deutschland Vom Bundeskabinett beschlossen am 3. August 2011 S. 1

[15] Deutscher Bundestag: Von Ausgrenzung zu Gleichberechtigung - Verwirklichung der Rechte von Menschen mit Behinderun- gen. Ein Handbuch für Abgeordnete zu dem Übereinkommen über die Rechte von Menschen mit Behinderungen und seinem Fakultativprotokoll. Deutsche Übersetzung des Handbuches der Vereinten Nationen und der Interparlamentarischen Union. (pdf-Datei, 3,57 MB) (behindertenrechtskonvention.hessen.de) S. 5

[16] UN-Konvention Menschen mit Behinderung, Text und Erläuterung, herausgegeben von der Familie für Soziales, Familie, Gesundheit, und Verbraucherschutz Hamburg (pdf, 487,01 kB; hamburg.de; Februar 2013) S. 12–17
[17] Heiner Bielefeldt: Zum Innovationspotenzial der UN-Behindertenrechtskonvention, Bonn - Berlin, Juni 2009 (pdf-Datei,
103 kB) S. 5
[18] Heiner Bielefeldt: Zum Innovationspotenzial der UN-Behindertenrechtskonvention, Bonn - Berlin, Juni 2009 (PDF-Datei,
103 kB) S. 4, 6

[19] Nationaler Aktionsplan der Bundesregierung zur Umsetzung der UN-Behindertenrechtskonvention - Unser Weg in eine inklusive Gesellschaft (PDF-Datei, 12 MB; bmas.de; September 2011) S. 11

[20] Nationaler Aktionsplan der Bundesregierung zur Umsetzung der UN-Behindertenrechtskonvention - Unser Weg in eine inklusive Gesellschaft (PDF-Datei, 12 MB; bmas.de; September 2011)

[21] Heiner Bielefeldt: Zum Innovationspotenzial der UN-Behindertenrechtskonvention, Bonn - Berlin, Juni 2009 (pdf-Datei, 103 kB) S. 5, 6

[22] Stellungnahme des BeB. S. 7 (PDF-Datei; 95 kB)

[23] Übereinkommen der Vereinten Nationen über Rechte von Menschen mit Behinderungen Erster Staatenbericht der Bun- desrepublik Deutschland Vom Bundeskabinett beschlossen am 3. August 2011 S. 55

[24] UN-Konvention Menschen mit Behinderung, Text und Erläuterung, herausgegeben von der Familie für Soziales, Familie, Gesundheit, und Verbraucherschutz Hamburg (hamburg.de) pdf S. 16

[25] Stellungnahme der Monitoring-Stelle - Eckpunkte zur Verwirklichung eines inklusiven Bildungssystems (PDF; 124 kB) institut-fuer-menschenrechte.de. 7. März 2011. Abgerufen am 7. März 2011. (122 kB)

[26] Gottfried Biewer(2011): Die UN-Behindertenrechtskonvention und das Recht auf Bildung. In: Oskar Dangl & Thomas Schrei (Hrsg.), Bildungsrecht für alle? (S. 51-62). Wien, Berlin: Lit-Verlag. (ISBN 978-3-643-50334-3)

[27] Die Ausnahme muss zur Regel werden, DLF Sendung vom 26. September 2009. Dradio.de. 26. September 2009. Abge- rufen am 12. Juni 2010.

[28] Beispiele sind das DoBuS Dortmunder Zentrum Behinderung und Studium oder das Zentrum für blinde und sehbehinderte

Studierende (BliZ) der Fachhochschule Gießen-Friedberg.

[29] Beschluss 71. DSW-Mitgliederversammlung am 30. November / 1. Dezember 2010: Eine Hochschule für alle - Hand- lungsstrategien der Studentenwerke (PDF-Datei; 1,07 MB).
[30] Pressemitteilung DSW vom 1. Dezember 2010 Studentenwerke unterstützen "Hochschule für Alle" (PDF-Datei; 472 kB)

[31] Deutschland braucht endlich ein inklusives Wahlrecht". In: "aktuell, Deutsches Institut für Menschenrechte". Ausgabe
August 2012 (PDF; 72 kB) Abgerufen am 10. Oktober 2013. (70,30 kB)

[32] Matthias Kamann: Alle Demenzkranken sollen das Wahlrecht bekommen.. In: Die Welt. 11. September 2013. Abgerufen am 3. April 2015.
[33] Denkschrift zu dem Übereinkommen, Bundestagsdrucksache 16/10808, S. 45, 63 f.http://dip21.bundestag.de/dip21/btd/16/108/1610808.pdf

[34] Universität Bern, Institut für öffentliches Recht, Walter Kälin / Jörg Künzli / Judith Wyttenbach / Annina Schneider / Sabiha Akagündüz MÖGLICHE KONSEQUENZEN EINER RATIFIZIERUNG DER UN-KONVENTION ÜBER DIE RECHTE VON MENSCHEN MIT BEHINDERUNGEN DURCH DIE SCHWEIZ, S. 65

[35] Entscheidung vom 7.10.1987, Geschäftszahl G109/87, Sammlungsnummer 11489, mit Wirkung zum 30. September 1988 [36] Runderlass der Landeswahlleiterin Schleswig-Holstein zur Vorbereitung und Durchführung der Wahl zum 18. Deutschen Bundestag 14.2 Stimmabgabe mit Hilfsperson S. 16 (PDF; 287 kB) 13. Juni 2013. Abgerufen am 10. Oktober 2013. (279,83 kB)

[37] Stefan Lorenzkowski: Blog Artikel über Artikel 32 (Internationale Zusammenarbeit) im Kontext der internationalen Zu- sammenarbeit. Blog.inklusive-entwicklung.de. 21. Januar 2010. Abgerufen am 12. Juni 2010.

[38] Inhalte der Konvention (behindertenbeauftragter.de)

[39] Ausschuss für die Rechte von Personen mit Behinderungen (institut-fuer-menschenrechte.de)

[40] Bericht aus Genf 1 Newsletter von Theresia Degener Mitglied des VN-Ausschusses für die Rechte von Menschen mit Behinderungen (efh-bochum.de; PDF; 241 kB)

[41] Europäische Kommission: Europäische Strategie zugunsten von Menschen mit Behinderungen 2010-2020: Erneuertes En- gagement für ein barrierefreies Europa. In: Europäische Rechtsakademie: EU-Recht für Menschen mit Behinderungen und das Übereinkommen der Vereinten Nationen. 9./10. Dezember 2013. S. 14–26

[42] Ilja Seifert: Die Europäische Strategie zugunsten von Menschen mit Behinderungen als Instrument zur Umsetzung des UN- CRPD: Auswirkungen auf die Politik der EU und der nationalen Ebene. Sprachendienst des Deutschen Bundestags. 3. Mai 2012

[43] Fiona Smyth / Michael Shevlin / Tobias Buchner / Gottfried Biewer / Paula Flynn / Camille Latimier / Jan Šiška / Mario Toboso-Martín / Susana Rodríguez Díaz / Miguel A. V. Ferreira (2014): Inclusive education in progress: policy evolution in four European countries. European Journal of Special Needs Education, 29(4), 433-445. doi:10.1080/08856257.2014.922797

[44] Tobias Buchner / Fiona Smyth / Gottfried Biewer / Michael Shevlin / Miguel A. V. Ferreira / Mario Toboso Martín / Susana Rodríguez Díaz / Jan Šiška / Camille Latimier / Šárka Káňová (2014): Paving the way through mainstream education: the in- terplay of families, schools and disabled students. Research Papers in Education, 1-16. doi:10.1080/02671522.2014.989175

[45] Gottfried Biewer / Tobias Buchner / Michael Shevlin / Fiona Smyth / Jan Siska / Sarka Kanova / Miguel A. V. Ferreira
/ Mario Toboso-Martín / Susana Rodríguez Díaz (2015): Pathways to inclusion in European higher education systems.
ALTER - European Journal of Disability Research. doi:10.1016/j.alter.2015.02.001

[46] UN-Konvention Menschen mit Behinderung, Text und Erläuterung, herausgegeben von der Familie für Soziales, Familie, Gesundheit, und Verbraucherschutz Hamburg (hamburg.de) pdf S. 17

[47] Leitlinien für das vertragsspezifische Dokument, das von den Vertragsstaaten nach Artikel 35 Absatz 1 des Übereinkom- mens über die Rechte von Menschen mit Behinderungen vorzulegen ist (PDF-Datei; 297 kB)

[48] Übereinkommen der Vereinten Nationen über Rechte von Menschen mit Behinderungen Erster Staatenbericht der Bun- desrepublik Deutschland Vom Bundeskabinett beschlossen am 3. August 2011 [49] Bundesverband evangelische Behindertenhilfe (PDF-Datei; 95 kB) [50] Stellungnahme des BeB. S. 6 (PDF-Datei; 95 kB)
[51] Peter Winterstein: Weiterentwicklung des deutschen Betreuungsrechts vor dem Hintergrund von Artikel 12 UN-BRK Frankfurt, 02.10.2012 (Betreuungsgerichtstag e.V.; PDF; 388 kB)

[52] Übereinkommen der Vereinten Nationen über Rechte von Menschen mit Behinderungen Erster Staatenbericht der Bun- desrepublik Deutschland Vom Bundeskabinett beschlossen am 3. August 2011 S. 33ff.

[53] Übereinkommen der Vereinten Nationen über Rechte von Menschen mit Behinderungen Erster Staatenbericht der Bun- desrepublik Deutschland

Vom Bundeskabinett beschlossen am 3. August 2011
S. 44

[54] Übereinkommen der Vereinten Nationen über Rechte von Menschen mit Behinderungen Erster Staatenbericht der Bundesrepublik Deutschland Vom Bundeskabinett beschlossen am 3. August 2011 S. 49, 50

[55] Erster Staatenbericht Österreichs auf der Website des Sozialministeriums, Wien, Oktober 2010

[56] Aktionsplan wurde im Ministerrat beschlossen

[57] § 13 Bundesbehindertengesetz, Fassung 2010

[58] Website des Monitoringausschusses

[59] http://www.admin.ch/ch/d/gg/pc/ind2010.html# EDA Unterlagen zur Eröffnung der Vernehmlassung

[60] http://www.egalite-handicap.ch/tl_files/Downloads/de/Gleichstellungs recht/International/UNO/Gutachten%20UNO-Behindertenkonvention
pdf

[61] http://www.egalite-handicap.ch/ja-zur-brk-in-der-schweiz.html

Kapitel 20

Verordnung (EG) Nr. 1107/2006 über die Rechte von behinderten Flugreisenden
Die Verordnung (EG) Nr. 1107/2006 des Europäischen Parlaments und des Rates vom 5. Juli 2006 über die Rechte von behinderten Flugreisenden und Flugreisenden mit eingeschränkter Mobilität - auch die EU- Flugverordnung genannt - ist eine Verordnung (EG) des Europäischen Parlamentes, die die Rechte von behinderten Flugreisenden und Flugreisenden mit eingeschränkter Mobilität stärkt. Die Verordnung hat zwei Anhänge. Sie trat am 26. Juli 2008 in Kraft.

Kritiker werfen der EU-Kommission vor, zentrale Bereiche des barrierefreien Fliegens nicht zu berücksichtigen. So ist auch in der neuen EU-Verordnung nicht geregelt, wie die Sanitärbereiche in europäischen Flugzeugen barrierefrei gestaltet werden sollen.[1] Zwar werden die Luftfahrtunternehmen verpflichtet, Personen mit Mobilitätseinschrän- kungen zu den Toiletten zu helfen. Da die Sanitärbereiche jedoch für die eingesetzten Bordrollstühle zu klein sind, sind Menschen mit Gehbehinderungen nach wie vor von der Benutzung von Sanitärbereichen ausgeschlossen.[2]

20.1 Anhänge

In Anhang I sind die Hilfeleistungen unter der Verantwortung der Leitungsorgane von Flughäfen gelistet. Darunter fällt die Verpflichtung, Personen mit Mobilitätseinschränkungen in die Lage zu versetzen, „erforderlichenfalls zu den Toiletten zu gelangen". Alle Informationen über den Flug müssen Passagieren in zugänglicher Form mitgeteilt werden.

In Anhang II sind die Hilfeleistungen des Luftfahrtunternehmens gelistet. Darunter fällt ebenfalls die Verpflichtung, Personen mit Mobilitätseinschränkungen in die Lage zu versetzen, „erforderlichenfalls zu den Toiletten zu gelangen", sowie die Mitteilung von wesentlichen Informationen über einen Flug in zugänglicher Form.

Weiter Soziale und Medizinische Publikationen von
Heinz Duthel:

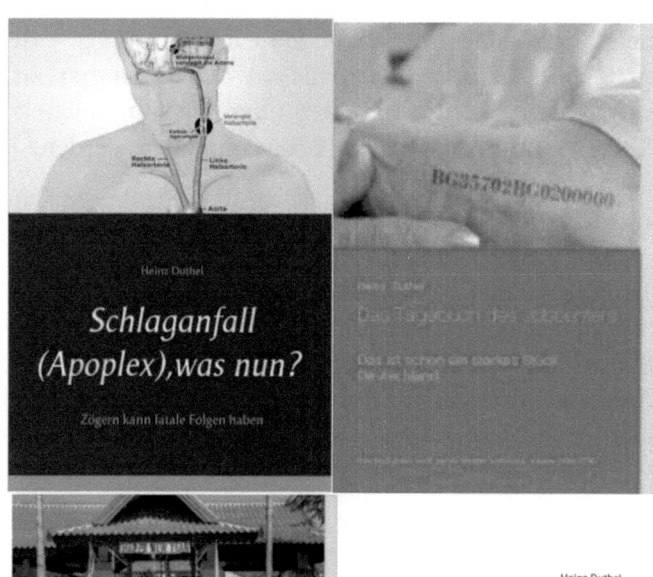

Bitte besuchen Sie: http://www.bod.de/shop.html
Suche Heinz Duthel

Herstellung und Verlag:
BoD - Books on Demand, Norderstedt
ISBN 978-3-8370-8074-2